W0076450

# Was gesagt werden muss

HANS RAUSCHER

# WAS GESAGT WERDEN MUSS

## aber nicht gesagt werden darf

SALZBURG – MÜNCHEN

1. Auflage
© 2017 Ecowin Verlag bei Benevento Publishing,
eine Marke der Red Bull Media House GmbH,
Wals bei Salzburg

Medieninhaber, Verleger und Herausgeber:
Red Bull Media House GmbH
Oberst-Lepperdinger-Straße 11–15
5071 Wals bei Salzburg, Österreich

Satz: MEDIA DESIGN: RIZNER.AT
Printed in Slovakia

ISBN 978-3-7110-0066-8

# Inhalt

Vorwort:
Über unbequeme Wahrheiten,
die man aussprechen muss ........................... 7

1. Haben die Trump-Le Pen-Strache-Wähler
   vielleicht recht? ......................................... 11

2. Es gibt nur ein Thema: Zuwanderung ..... 33

3. Die Furcht vor der ganz großen
   Fluchtwelle aus Afrika .............................. 63

4. »Lügenpresse« – Ist Journalismus
   noch glaubwürdig? ..................................... 77

5. Die Zweiklassengesellschaft – Wer auch
   in schwierigen Zeiten Privilegien hat ...... 99

6. Der neue Krieg gegen die Frauen ............ 113

7. »Das wird man doch noch sagen
   dürfen« – Das Problem mit der
   »Political Correctness« .............................. 127

8. Was gesagt werden muss: Es kann
   auch alles den Bach hinuntergehen ........ 137

# VORWORT:
# ÜBER UNBEQUEME WAHRHEITEN,
# DIE MAN AUSSPRECHEN MUSS

*Was nicht gesagt werden darf, aber gesagt werden muss.* Gibt es das in einer Demokratie überhaupt? Darf man da nicht alles sagen (solange es nicht strafrechtlich relevant ist)? Viele Bürger sind allerdings der Meinung, dass man in dieser Demokratie – mit deren Zustand sie zu 54 Prozent nicht zufrieden sind (Umfrage ATV Österreich-Trend, durchgeführt von Peter Hajek Opinion Strategies, Juni 2016) – doch nicht alles sagen darf. Weil es »die Mächtigen« nicht wollen, weil die »Political Correctness« alles erstickt und weil die »Lügenpresse« oder, sanfter, die »Mainstream-Medien« alles in ihrem Sinn manipulieren.

Dieselben Bürger sagen dann allerdings – meist anonym – auf Facebook, Twitter und Co. so viel, dass bei diesem Hass und dieser verbalen Gewaltbereitschaft echte Besorgnis aufkommt.

Doch abseits von Verschwörungstheorien und Shitstorms müssen sich die Vertreter der liberalen Demokratie sehr wohl die Frage stellen: Wird bei uns wirklich »alles« gesagt? Werden wirklich alle scheinbaren und tatsächlichen Tabu-themen aufgegriffen? Gibt es ein paar große un-bequeme Wahrheiten, die nicht genügend oder gar nicht ausgesprochen werden?

Dieses Buch versucht ein paar von diesen großen Themen aufzugreifen.

Das Jahr 2017 wird bestimmt von der großen Angst vor den Rechtspopulisten: In den USA hat mit Donald Trump einer die Wahl gewonnen. In den Niederlanden und in Frankreich wurde ein Sieg nicht für unmöglich gehalten, was sich zumindest in Holland nicht bewahrheitete. Im Herbst war ein Erfolg in Deutschland zu erwar-ten. In Österreich waren sie in den Umfragen stärkste Partei. Daran schließt gleich die Frage an: Haben die Wähler der Rechtspopulisten, die diese vor allem wegen der Zuwanderung wählen, vielleicht doch recht? Ist die Lage der »Abge-hängten«, der Wutbürger, der Modernisierungs-verlierer vielleicht wirklich so schlecht?

Das größte unbequeme Thema unserer Zeit ist die Zuwanderung. Es wird zwar sehr viel diskutiert und darüber geschrieben, aber kaum einer dieser Beiträge dringt zum Kern vor, stellt schonungslos die wirklichen Fragen:

Die Mehrheit der österreichischen, der euro-päischen Bevölkerung ist gegen Zuwanderung. Ganz besonders gegen solche aus muslimischen Ländern. Können wir ohne Zuwanderung leben? Haben wir bisher die richtige Zuwanderung gehabt? Ist eine Integration bestimmter, vor allem muslimischer Gruppen möglich? Was tun mit den möglichen neuen Flüchtlingswellen, vor allem einer noch nie dagewesenen aus Afrika?

Ist der Linkspopulismus mancher Regierender eine taugliche Antwort? Und: Ist ein System, wie es die Rechten wollen – eine Autokratie nach dem Muster Putins, Orbáns oder Erdoğans – das Richtige?

Daran knüpft sich gleich die Frage, ob die Medien jahrelang zu wenig hingesehen haben, was sich da bei den Anhängern der Rechtspopulisten tut? Ob die Medien vielleicht wirklich »gesteuert« werden und vom wem?

Wenn man darüber spricht, dass sich in der Krise die Lage mancher Menschen so verschlechtert hat, dass sie sich von der Demokratie enttäuscht fühlen, dann muss man auch darüber sprechen, dass es auch in der Krise noch viele Gruppen gibt, die erstaunliche Privilegien haben. Man kann sehr wohl von einer »Zweiklassengesellschaft« sprechen.

Noch wenig diskutiert wird eine Entwicklung, die man als einen »neuen Krieg gegen die Frauen« bezeichnen könnte – einerseits Hassorgien im Internet gegen prominente, selbstbewusst auftretende Frauen, andererseits ein Rückbau der Frauenrechte durch Macho-Politiker – und das mehr als drängende Thema der Frau in den islamischen Zuwanderergesellschaften.

Fazit: Die alten Gewissheiten – darunter der Wohlstand und der soziale Frieden in Europa – sind so gewiss nicht mehr. Ein Super-GAU wie der Verlust der Errungenschaften der liberalen Demokratie ist denkbar. Eine Antwort darauf lautet: mehr infrage stellen, in der Debatte mutiger sein, über das reden, worüber vermeintlich nicht geredet werden darf.

# 1.
## HABEN DIE TRUMP-LE PEN-STRACHE-WÄHLER VIELLEICHT RECHT?

Worüber gesprochen werden muss: der drohende Zusammenbruch der alten Ordnung in Europa unter dem Ansturm des autoritären Rechtspopulismus. Warum es den Menschen immer noch relativ gut geht, und warum sie trotzdem scharenweise zu den Rechtspopulisten abwandern. Ob es auch einen Linkspopulismus gibt, der sich einiges vom Rechtspopulismus abgeschaut hat. Und ob die politisch-wirtschaftliche Elite ihre Zukunftsfähigkeit verloren hat.

Ein Gespenst geht um in Europa. Das Gespenst totalen Umbruchs einer jahrzehntelangen, erfolgreichen politischen Ordnung. Man kann sie »Nachkriegsordnung« nennen. Wenn sie fällt, ist die Welt, wie wir sie kennen, vorbei. Es ist, trotz allem, eine Welt von Frieden, Wohlstand und Freiheit.

Das Gespenst kann man in Begriffe fassen, es sind die des autoritären Rechtspopulismus und der illiberalen Demokratie, an die Macht geschwemmt durch eine Welle von Wahlsiegen rechtspopulistischer Parteien. Wenn dieses politische Modell den endgültigen Sieg erringen sollte, sind alle Errungenschaften der letzten Jahrzehnte dahin. Man muss es so alarmistisch sagen.

Aber warum »alarmistisch«? Ist es nicht das gute Recht des Wahlvolkes, eine politische Ordnung, die ihm nicht mehr passt oder seinen Bedürfnissen nicht mehr zu genügen scheint, zu verändern oder eben umzustürzen? Noch dazu, wo es sich nicht um gewaltsame Revolutionen handelt, um eine Reihe von Putschversuchen? Wir reden hier über ganz normale Vorgänge an der Wahlurne, von freien, allgemeinen und geheimen Wahlen, in denen eben ein ganz anderes demokratisches und auch gesellschaftliches Modell herbeigeführt wird oder werden könnte.

Was nicht gesagt werden darf, aber gesagt werden muss, könnte also so lauten: Vielleicht haben die Wähler der rechtspopulistischen Parteien ja recht?

Zunächst in dem Sinn, dass sie ihre Interessen derzeit nicht ausreichend vertreten sehen. Dass ihnen »das System« rein materiell nicht oder nicht mehr gibt, was sie mit einiger Berechtigung erwarten können oder bisher erwarten durften. Vielleicht, weil sie sich von einer gesellschaftlichen Entwicklung, der Zuwanderung, überrollt fühlen, zu der sie nie jemand wirklich gefragt hat und die sie so nicht wollen.

Das wäre sozusagen ein berechtigter Protest.

Aber man kann in der Diskussion noch einen Schritt weiter gehen. Vielleicht ist es tatsächlich Zeit für ein anderes System, für eine andere Art von Demokratie, eine die härter durchgreift und weniger auf die Rechte des Einzelnen und von Minderheiten Rücksicht nimmt. Das wäre ein System, das zwar die Führer der rechtspopulistischen Parteien – von Trump über Le Pen bis hin zu Putin – mehr oder minder offen anstreben beziehungsweise schon erreicht haben, aber vielleicht nicht alle der Protestwähler wirklich wollen. Wobei es allerdings etwa in Österreich Umfragen gibt, wonach sich bis zu 40 Prozent »einen starken Führer an der Staatsspitze« wünschen, »der sich nicht um Parlament und Wahlen kümmern muss«. Das bestätigte eine Umfrage des SORA Instituts vom Oktober 2015. Im September 2014 betrug die Zustimmung zu dieser »Starker Mann«-Aussage schon 28 Prozent, 2009 schon 20 Prozent, aber 2007 nur 10 Prozent.

Dazu sagen und dazu denken muss man aber immer ein anderes Ergebnis des SORA Instituts: Für 85 Prozent ist die Demokratie immer noch die beste Regierungsform. Aber das wäre dann eben vermutlich eine illiberale Demokratie. Es wird gewählt, aber eine starke Führungspersönlichkeit soll letztendlich entscheiden, ohne sich viel um essenzielle Institutionen der Demokratie wie Wahlen und Parlament kümmern zu müssen.

Auf die möglichen Ursachen für diese nicht unbeachtliche Entwicklung wird gleich einzugehen sein. Und dann geht es um die entscheidende Frage: Haben die Bürger, die so weit gehen würden, nicht plausible Gründe dafür?

Wir wollen also auch an dieser Stelle diskutieren, was nicht oder kaum gesagt werden darf, aber gesagt werden muss: Haben die Donald-Trump-Marine-Le Pen-Geert-Wilders-Frauke-Petry-HC-Strache-Norbert-Hofer-etc.-Wähler nicht vielleicht doch recht?

Sind ihre Wahlmotive faktenbasiert, bis zu einem nennenswerten Grad berechtigt und daher irgendwie legitim, oder haben diese »Wutbürger« nur maßlos übertriebene Ängste? Sind sie vielleicht undankbar und »verwöhnt« durch einen – zumindest in Europa immer noch funktionierenden – Sozialstaat? Und: Haben sie eine Vorstellung davon, was passiert, wenn die Rechtspopulisten wirklich an die Macht kommen und das ganze über 70 Jahre alte Nachkriegssystem tatsächlich kippt?

Das ist es, worüber zu wenig und zu wenig ehrlich geredet wird, was aber gesagt werden muss. Denn wir befinden uns knapp vor dem Bruchpunkt.

Der liegt im Frühsommer 2017, wenn in Frankreich über das Schicksal nicht nur dieses wichtigen europäischen Landes, sondern auch über den Zusammenhalt des Kontinents, über die Europäische Union an sich entschieden wird. Wenn, was nicht mehr ausgeschlossen erscheint, die rechtsextreme Populistin Marine Le Pen am 7. Mai die Stichwahl und damit die Präsidentschaft gewinnt, dann ist das bisherige System erschüttert. Le Pen hat angekündigt, ein Referendum über den Austritt aus der EU abzuhalten. Selbst wenn sie dieses verliert, wird sie das bisherige Gerüst der europäischen Zusammenarbeit, die Achse Frankreich-Deutschland, zerstören. Sie will aus der NATO austreten und damit dem Finanzier ihres Wahlkampfes, dem russischen Autokraten Wladimir Putin, schlagartig ein ungeheures Einfluss- und Drohpotenzial gegenüber Europa in die Hand geben. Sie will Frankreich nach außen, auch wirtschaftlich, abschotten und nach innen, vor allem in Sachen muslimischer Bevölkerung, ein hartes, kaum noch demokratisches und rechtsstaatliches Regime einführen.

Europa wird danach nicht wiederzuerkennen sein. Es wird wieder in eine Ansammlung rivalisierender Staaten und Kleinbündnisse zerfallen, und es wird nur noch sehr schwer möglich sein, dem Ansturm illiberaler bis ausgesprochen rechtsextremer politischer Kräfte standzuhalten.

Ein Sieg des autoritären Rechtspopulismus in Frankreich wäre der vorläufige Höhepunkt einer Entwicklung, die schon vorher und auch außerhalb Europas eingesetzt hat. In Osteuropa haben in Ungarn und Polen politische Kräfte die Macht übernommen, die zwar immer noch Wahlen abhalten lassen, aber die Institutionen des Staates in ihren Griff gebracht haben und immer erfolgreicher jede Opposition und kritische Öffentlichkeit abwürgen. In etlichen Ländern Westeuropas – Frankreich, Deutschland, Österreich, Niederlande, Belgien – erzielten rechtspopulistische, autoritäre Parteien große Erfolge. Auch in Italien ist der radikale Populismus immens stark, wenn er sich dort auch in Gestalt der »MoVimento 5 Stelle« (Fünf-Sterne-Bewegung) linkspopulistisch gibt, in Wahrheit aber genauso illiberal, fremden- und europafeindlich ist wie die Rechten.

In den USA ist dem Rechtspopulismus mit der Wahl Donald Trumps ein gewaltiger Durchbruch gelungen, und in Großbritannien hat eine relativ kleine, rechtspopulistische Protestpartei die regierenden Konservativen zu dem unheilvollen Referendum über den Austritt aus der EU und in der Folge zu einer Abkehr von einem gemeinsamen europäischen Interessenausgleich getrieben. Kein Wunder, dass Marine Le Pen Ende Jänner auf dem Koblenzer Kongress der europäischen Rechtspopulisten (auch die FPÖ war dabei) jubelnd auf einen »Dominoeffekt in ganz Europa« hoffte: »2016 war das

Jahr, in dem die angelsächsische Welt erwacht ist. Ich bin mir sicher, dass 2017 das Jahr sein wird, in dem die Völker des kontinentalen Europa erwachen.«

Was ist geschehen? Warum wenden sich die Völker Europas, die Völker des liberalen Westens plötzlich populistischen Wutparteien zu? Warum werden die traditionellen Mitte-Rechts- und Mitte-Links-Parteien, also die Christdemokraten und Sozialdemokraten, die so lange gut 70 bis 80 Prozent des gesamten politischen Lebens abdeckten, plötzlich existenziell von einwanderungsfeindlichen, populistischen, illiberalen bis rassistischen Parteien bedroht?

Es gibt natürlich jede Menge an gescheiten, tiefschürfenden und auch durch Befragungen abgesicherten Erklärungsversuchen dafür. Nach allen Erfahrungen der letzten Jahre lässt sich der populistische Wähleraufstand aber auf drei große, reale Umbrüche zurückführen:

1) Die Bedrohung traditioneller Lebensstile durch Zuwanderung.

2) Der Verlust des Zukunftsoptimismus. Man kann streiten, ob sich – in Österreich – die reale Lage der Menschen tatsächlich generell verschlechtert hat. Stichworte: hohe Arbeitslosigkeit, Stagnation oder Rückgang der Arbeitseinkommen, Prekariat, Abwanderung von gut bezahlten Jobs in der Güterproduktion, für die eine einfachere Ausbil-

dung genügt. Aber das wahre Problem, das sich in vielen Umfragen und Einzelgesprächen zeigt, ist das mangelnde Vertrauen in die Zukunft. Man erwartet Verschlechterungen, und vor allem gibt es keine Gewissheit mehr, dass die eigenen Kinder es einmal besser haben werden.

3) Verlust des Vertrauens in die etablierten Eliten. Im Österreich der ersten Nachkriegsjahrzehnte gab ein Großteil der Österreicher seine politische Selbstbestimmung an die beiden großen Parteien Mitte-Links und Mitte-Rechts ab und bekam dafür Sicherheit. Einen Job im staatlichen oder staatsnahen Sektor (der viel größer war als heute), eine Sozialwohnung und einen immer stärker ausgebauten Sozialstaat mit Gesundheitsversorgung und einer gesicherten Pension. Heute ist »Politiker« nahezu ein Schimpfwort, das Vertrauen in die Regierung in die Gegend von 15 bis 20 Prozent gesunken und eine radikale rechtspopulistische Partei in den Umfragen konstant bei 30 Prozent und damit stärkste Kraft. Die alte Ordnung ist tot.

Das sind drei sehr wirkungsmächtige Entwicklungen. Sie können nicht einfach so aus dem Nichts kommen. Sie können nicht vollkommene Hirngespinste von ungebildeten, frustrierten Hacklern mit autoritären Neigungen sein.

Im Fall der Zuwanderung scheinen die Globalzahlen (hauptsächlich erfasst durch die Statistik Austria) das einigermaßen zu unterstützen. Österreich hat jetzt (2017) 8,8 Millionen Einwohner, 1990 waren es nur 7,7 Millionen. 2030 werden es 9,4 Millionen sein. Von der jetzigen Bevölkerung (immer Staatsbürger und Nichtstaatsbürger zusammen) haben nach einer Schätzung rund 1,9 Millionen »Migrationshintergrund«, das heißt, entweder selbst oder mindestens ein Elternteil im Ausland geboren. Dabei ist zu beachten, dass dies nicht für die aktuelle Situation, sondern für alle Migrationswellen praktisch seit Kriegsende gilt.

In den letzten Jahren ist der »Wanderungssaldo« aber ansteigend und besonders signifikant. Im Jahr 2014 gab es rund 177.000 Zuzüge aus dem Ausland und 97.000 Wegzüge, bleibt eine Zuwanderung von netto 72.000.

Im Jahr 2015 jedoch stieg diese beträchtliche Zahl durch die Flüchtlingsbewegung noch einmal stark an: 214.400 Zuzüge, 101.300 Wegzüge, bleibt ein Saldo von 113.000 Dagebliebenen.

Rund 100.000 davon sind im Zuge der Flüchtlingswelle des zweiten Halbjahres gekommen. Im ersten Halbjahr gab es einen verstärkten Andrang aus dem Westbalkan, vor allem dem Kosovo, wo Schlepper eine »Goldener Westen«-Kampagne gestartet hatten. Die große Flüchtlingswelle des zweiten Halbjahres, die überwiegend über die Ägäis aus der Türkei und dann über die »Balkanroute« kam, setzte sich zu nur einem Drittel aus tatsächlichen Kriegsflüchtlingen (Syrien, Irak), aber schon zu einem weiteren Drittel aus Afghanen und im restlichen Drittel aus Pakistani und Nordafrikanern zusammen.

## »Echte« Kriegsflüchtlinge sind nur ein Drittel

Darüber wurde nur sehr begrenzt gesprochen, obwohl man deutlicher hätte darüber reden müssen: Die »echten« Kriegsflüchtlinge aus Syrien und dem Irak (zu einem beträchtlichen Teil Kurden) hatten eine Auslöser-(Trigger-)Funktion für sehr viele andere – Afghanen, Pakistani, Nordafrikaner, auch Eritreer und Somali, – in deren Ländern es zwar auch sehr gewalttätig zugeht, aber wo es noch genügend »kriegsfreie« Zonen gibt. Das sind auch Flüchtlinge, aber doch letztlich Flüchtlinge vor Armut und Elend. Nicht wenige von ihnen waren schon seit Jahren in anderen Ländern – viele Afghanen zum Beispiel im Iran, andere in der Türkei – wo ihr Leben zwar auch sehr hart, aber eben meist nicht unmittelbar bedroht war. So war etwa einer der Sprecher der Besetzer der Wiener Votivkirche, die allerdings schon Anfang 2013 stattfand, ein Pakistani mit abgelehntem Asylbescheid, der sich vorher schon länger in der Türkei aufgehalten hatte.

Hier ist aber eine wichtige Einschränkung zu machen, im Sinne eines Realitätschecks.

Nach den Daten der Statistik Austria verließ (zumindest vor dem Ausbruch der großen Flüchtlingsbewegung) gut die Hälfte der Zuwanderer Österreich wieder; außerdem weisen jene, die auf Dauer bleiben und auch die österreichische Staatsbürgerschaft erwerben, eine ähnlich hohe Erwerbsbeteiligung wie andere Inländer auf.

Die Zahlen beziehen sich auf das Jahr 2014. Damals gab es »rund 154.000 Wanderungsfälle von Personen mit nicht-österreichischer Staatsangehörigkeit, das sind plus 14 Prozent gegenüber 2013«. Und: »Da zugleich knapp die Hälfte der Migrantinnen und Migranten innerhalb von fünf Jahren Österreich wieder verlässt, erhöhte sich die Zahl der Personen mit einer Aufenthaltsdauer von mehr als fünf Jahren nur geringfügig, ihr Anteil sank sogar leicht.« Das heißt, es handelte sich überwiegend um Personen aus anderen EU-Ländern, die nur auf Zeit nach Österreich kommen, weil sie hier einen befristeten Job haben.

Bei den anderen, die die österreichische Staatsbürgerschaft erworben haben und seit mindestens zehn Jahren in Österreich leben, war laut Statistik Austria die Erwerbsquote mit

77 Prozent fast gleich hoch wie bei der in Österreich geborenen Bevölkerung.

Das war allerdings wie gesagt knapp vor der großen Flüchtlingswelle, mit der sehr viele Menschen kamen, deren Chancen auf Eingliederung in den Arbeitsmarkt relativ gering sind. Und wenn man die »unechten Kriegsflüchtlinge« unter ihnen (Nordafrikaner, Afghanen, Pakistani) nicht massiv abschiebt, werden sie wohl auch bleiben.

Die Bilder von den großteils jungen Männern, die im Sommer 2015 beim Grenzübergang in der Südsteiermark die paar dort aufgestellten Polizisten einfach beiseitegeschoben haben, wirkten wie ein Brandbeschleuniger auf die öffentliche Meinung. Das wurde vor allem als Kontrollverlust eines hilflosen Staates empfunden, nicht zu Unrecht.

Dass gleichzeitig im World Wide Web und auf Straches Facebook-Seite Fake News gestreut wurden – über Horden von Flüchtlingen, die Supermärkte im Grenzgebiet und in Wien überfallen und ausgeraubt hätten; von Smartphones, die von der Caritas gratis an die Asylwerber verteilt worden seien; von den Muslimen, die sich in Zügen geweigert hätten, sich auf Sitzen niederzulassen, wo vorher Frauen gesessen hätten – das ist die Kehrseite.

Die Flüchtlingswelle machte ein Unbehagen akut, das schon vorher angesichts der wachsenden muslimischen Bevölkerung im Inland (rund 600.000 oder sieben Prozent) rumorte. »Man kommt sich ja fremd im eigenen Land vor« – das ist der tausendfach und in zig europäischen Sprachen vorgebrachte Spruch. In Österreich verdichtete er sich in einem raffinierten politischen Slogan der FPÖ: »Daham statt Islam«.

Donald Trump reagierte auf eine ganz ähnliche Entwicklung radikal: Im Jahr 2050 werden die weißen Amerikaner in der Minderheit sein. Das ist der tiefere Grund nicht nur des knappen Wahlsiegs von Trump, der aufgrund des US-Wahlsystems nur durch cine Mehrheit von knapp 80.000 Stimmen in drei Staaten des »Rust Belt«, des Rostgürtels des vormals industriellen oberen Mittelwestens und des Nordostens, herbeigeführt wurde.

Was aber auch bisher nicht oder nicht so laut gesagt werden darf: Trumps ausgesprochen autoritäre und undemokratische Tendenzen sind im Kern nichts anderes als der Versuch, die Vorherrschaft des »weißen Mannes« über diese Periode des demografischen Mehrheitsverlustes hinaus aufrechtzuerhalten.

In Europa zeichnet sich zwar keine »Mehrheit der ethnischen Minderheiten« ab, aber breite Bevölkerungsschichten glauben es zu spüren, und manche Experten glauben, es belegen zu können: Ab einem gewissen Prozentsatz wird das Vorhandensein einer anderen Kultur zu einer kritischen Masse. Besonders die Muslime begnügen sich nicht mehr mit einer ruhigen, abgegrenzten Ausübung ihres Glaubens und ihrer kulturellen Tradition, sondern treten immer fordernder auf. Sie wollen, so der Vorwurf, dass das »Gastland« ihre Normen und Werte nicht nur toleriert, sondern ihnen einen ungebührlichen Raum gibt.

Dazu kommen die sich häufenden Berichte über die Problematik einer Flüchtlingsgruppe, die schon seit über 20 Jahren im Land ist: die Tschetschenen, von denen man nach dem zweiten Krieg in diesem russischen Teilstaat rund 30.000 Asyl gewährt hatte. Das waren echte Kriegsflüchtlinge – vor einem Krieg, der von den Rebellen, aber vor allem von der russischen Staatsmacht mit ungeheurer Brutalität geführt wurde. Aber die Kinder von damals sind nun Jugendliche und junge Erwachsene, die durch besondere Gewaltaffinität und Bandenbildung auffallen.

Oder es drängt sich die Frage auf, wo die Loyalität jener jungen türkischen Männer liegt, die zum Teil österreichische Staatsbürger sind, oft auch geheime Doppelstaatsbürger, aber auf Knopfdruck zu Tausenden als Demonstranten mit einem Meer von türkischen Fahnen für den türkischen Staatspräsidenten Erdoğan und sein autoritäres Modell zu mobilisieren sind. Wird Österreich zu einem Austragungsort zwischen innertürkischen, noch dazu ethnisch unterlegten (Türken gegen türkische Kurden) Rivalitäten? Werden die türkischen Staatsbürger in Deutschland, den Niederlanden und Österreich, aber auch die jeweiligen Staatsbürger türkischer Abkunft vom türkischen Präsidenten Erdoğan für eine Politik der Destabilisierung in Europa benutzt?

All das muss gesagt werden können. Es muss auch gefragt werden können – im Sinne von vernünftig und lösungsorientiert diskutiert: Wie groß ist der sozial verträgliche Anteil einer anderen Kultur und eines anderen Gesellschaftsmodells in einer westlich-liberalen Gesellschaft? In welchem Ausmaß ist Integration möglich? Wie geht man mit der wachsenden Zahl der Muslime in Österreich und in Europa um, ohne einerseits gefährlich naiv zu sein, andererseits auf undemokratische, ja, rassistische Abwege zu geraten?

## Modell Putin, Modell Orbán?

In Österreich geht es den meisten ganz gut, etlichen überraschend gut und einigen in netten kleinen Nischen sehr gut – aber trotzdem herrscht Missstimmung und Angst. Nämlich Angst vor der Zukunft, die nicht mehr so gut sein wird. Das Phänomen der österreichischen

Übellaunigkeit ist sozusagen eine präemptive Angst – sozusagen eine Angst vorsichtshalber.

Aber daraus ist eine Haltungsänderung entstanden, eine Stimmungsdrehung ins Autoritäre, von der niemand so recht reden will, aber dringend zu sprechen wäre.

Wie diese illiberale oder autoritäre Demokratie aussieht, kann man jetzt schon in Osteuropa beobachten. Es wird gewählt, sogar einigermaßen frei, allerdings nicht fair. Die Opposition und die kritische Öffentlichkeit haben keine Chance, weil ihnen in einem schleichenden Prozess fast alle Möglichkeiten genommen wurden. Da ist zunächst einmal Russland: Gewählt, und zwar sicher von einer echten Mehrheit, wird immer nur einer: Wladimir Putin. Und das seit bald 20 Jahren. 2011 gab es in Moskau Massenproteste, die seinen Sturz forderten. Seither ist Schluss mit dem Spielraum für die Opposition. Wer dort zu keck wird, wie etwa die Mädchen-Punkrockgruppe »Pussy Riot«, kommt auf Jahre ins Lager. Oder man stirbt einen mysteriösen gewaltsamen Tod wie eine ganze Reihe von investigativen Journalisten und wie der letzte bekannte Oppositionspolitiker Boris Nemzow.

Nun werden die meisten sagen: Russland war nie wirklich demokratisch, auch nach dem Sturz des Kommunismus nicht. Und den Menschen ist es nach dem Zusammenbruch der

Sowjetunion nicht besser gegangen. Das ist argumentierbar, aber wie steht es mit Ländern wie Ungarn und Polen? Dort konnte man den vergleichsweise ungeheuren Aufschwung nach dem Zusammenbruch des aufgezwungenen KP-Regimes, das nur ein Leben in garantierter Armseligkeit liefern konnte, unmittelbar beobachten. Dort entwickelten sich relativ lebendige Demokratien. Der EU-Beitritt im Jahre 2004 brachte Milliarden an Entwicklungsgeldern. Und plötzlich ist das alles wieder verschwunden, haben autoritäre, nationalistische und EU-feindliche Politiker wie Viktor Orbán und Jarosław Kaczyński praktisch die Macht an sich gerissen.

Das ist ein Modell, das sich nicht zur Nachahmung empfiehlt – auch wirtschaftlich nicht. Russlands Bruttoinlandsprodukt ist kaum größer als das Frankreichs und ging die letzten Jahre zurück. Ein Staat, der »außer Öl, Gas und Waffen nichts produziert, was irgendwer kaufen will« (so Präsident Obama). Die Wirtschaft und damit der schwache Sozialstaat funktionieren nur wegen der Rohstoffe.

Das ist kein Vorbild, sondern ein Weg in die Irre.

Eine andere, vieldiskutierte Möglichkeit wäre, das Volk stärker einzubinden, also die »direkte Demokratie« im Sinne von Volksabstimmungen und Volksbefragungen zu fördern.

Etwa, indem ab einer gewissen Zahl von Unterschriften eine bindende Volksabstimmung über ein Thema stattfinden muss.

Nicht zuletzt der vorige Bundespräsident, der Verfassungsrechtler Heinz Fischer, warnte eindringlich davor und wehrte 2013 einen entsprechenden Vorstoß aller Parteien diskret ab. Ein kompliziertes Thema lässt sich kaum jemals auf eine simple »Ja/Nein«-Formel bringen. Die Möglichkeit, im Vorfeld, im Parlament einen Kompromiss auszuhandeln, der auch die Anliegen einer – oft sehr großen – Minderheit berücksichtigt, fällt weg.

Bei relativ knappen Schicksalsabstimmungen wie etwa dem »Brexit« kamen so 48 Prozent unter die Räder. Dabei wird bei solchen Referenden in der Realität sehr oft gar nicht über die Frage auf dem Stimmzettel abgestimmt, sondern über ein anderes Thema. Der Brexit ging so aus, weil eine knappe Mehrheit irgendwie die Zuwanderung bremsen, nicht unbedingt, weil sie die EU ganz verlassen wollte. Und die Brexit-Einpeitscher arbeiteten mit glatten Lügen.

Plebiszite sind sehr oft »das Instrument der Diktatoren und der Demagogen«, sagte der britische Nachkriegspremier Clement Attlee. Das deutsche Grundgesetz hat im Hinblick auf Hitlers Referenden (Anschluss Österreichs, Abschaffung des Amtes des Reichspräsidenten nach dem Tod Hindenburgs) Volksabstimmungen stark eingeschränkt.

»Mehr direkte Demokratie« ist der Schlachtruf der Rechtspopulisten, die hoffen, eine emotionale, aufgeheizte, irrationale Atmosphäre zu schaffen, in der dann eine demokratisch bedenkliche oder pseudorelevante Maßnahme wie etwa ein generelles Kopftuchverbot durchgepeitscht werden kann. Die direkte Demokratie als ständige Form der politischen Entscheidung funktioniert nur in einem Land halbwegs, der Schweiz. Dort ist man sie gewohnt. Trotzdem passieren Unfälle wie das Minarettverbot.

»Das Volk zu fragen, ist ein riskantes Unterfangen«, titelten die *Salzburger Nachrichten* im Oktober 2016. Darf man das sagen? Nach Meinung vieler nicht, aber es muss klar gesagt werden, um nicht auf pseudodemokratische Abwege zu geraten.

## Es gibt als Reaktion den Linkspopulismus der Regierenden

Dementsprechend versuchen sozialdemokratisch geprägte Regierungen, den Rechtspopulisten mit einer Art gemäßigtem Linkspopulismus das Wasser abzugraben. Österreich ist ein besonders anschauliches Beispiel dafür. Bundeskanzler und SPÖ-Vorsitzender Christian Kern muss etwas

nach rechts rücken, das hat sein Parteisekre-
tär in einem bemerkenswerten »Hintergrundge-
spräch« Anfang 2017 offen zugegeben.

In der Folge hat sich die SPÖ zunächst in der
»Sicherheitsfrage«, zusammenhängend mit der
Zuwanderung, weitgehend auf die Vorstellun-
gen des Koalitionspartners ÖVP eingelassen.
Diese wiederum sind von den Forderungen der
Oppositionspartei FPÖ stark inspiriert: schär-
fere Kontrollen, mehr Abschiebungen, »Burka-
Verbot« et cetera.

Noch auffälliger wird es, wenn sich Kern
bewusst an die Grenze der EU-Prinzipien begibt
und eine Barriere gegen Arbeitsmigranten aus
den östlichen Mitgliedsstaaten der EU errich-
tet. Vom sogenannten Beschäftigungsbonus, mit
dem den Firmen Teile der Arbeitgeberkosten
erlassen werden sollen, wenn sie Leute anstellen,
sind grosso modo neue Zugänge aus Osteuropa
ausgeschlossen.

Sozialminister Alois Stöger nennt deutlich
die Raison dahinter: »Die größte Gefahr für
Europa besteht dann, wenn die Rechten Regie-
rungsfunktionen übernehmen – und genau das
wird passieren, wenn immer mehr Menschen
Sorge um den Arbeitsplatz haben.«

Ob der linke Populismus – der auch im
Programm des neuen SPD-Kanzlerkandidaten
Martin Schulz deutlich spürbar ist – auch wirkt,
ist die Frage. Möglicherweise sind damit weni-

ger die früheren linken Wähler zurückzuholen, die zu den Rechtspopulisten übergelaufen sind, als die nunmehrigen Nichtwähler. Das wäre immerhin schon etwas. Vorläufig jedoch fällt den Sozialdemokraten in Europa nicht viel anderes ein.

Das Grundproblem scheint aber eher zu sein, dass viele Wähler das Vertrauen in die Gestaltungskraft der Politik insgesamt verloren haben. Die Populisten behaupten ja, dass die Eliten nicht mehr die Bevölkerung repräsentieren – aber wen dann? Irgendwelche andere Herren? Für halbwegs aufgeklärte Menschen ist das absurd.

Aber eine berechtigte Frage jenseits aller Verschwörungstheorien bleibt: Warum gelingt es der Politik nicht mehr, ein Zukunftsszenario zu entwerfen, in dem sich die Österreicher, die Europäer wiedererkennen können?

Die Wähler der Rechtspopulisten haben in vielem recht. Zumindest in ihrem Problemgefühl. Die traditionellen Regierungen haben darauf keine Antwort gefunden, vor allem nicht auf das Problem der Zuwanderung. Der erste Schritt wäre aber, sich kühl und sachlich den – oft beunruhigenden – Realitäten zu stellen.

# 2.

# ES GIBT NUR EIN THEMA: ZUWANDERUNG

Es gibt nur ein wirklich heißes Thema in Europa, in Österreich: Zuwanderung. Natürlich wird viel darüber geredet, geschrieben, aber nicht in der dafür notwendigen Klarheit und Tiefenschärfe. Über vieles in dem Zusammenhang darf nicht geredet werden. Aus falscher Problemverleugnung. Über vieles wird geredet – aber in einem Ton, der nicht angemessen und mit einer zivilisierten Debatte nicht vereinbar ist.

Worüber kaum geredet werden darf – zumindest nicht außerhalb des rechtspopulistischen Diskurses –, worüber man aber dringend reden müsste:

Für die große Mehrheit der Europäer und der Österreicher ist diese Zuwanderung zu viel.

Nach einer Studie der GfK aus dem Sommer 2016 war die größte Sorge der Österreicher die Zuwanderung – mit vollen 66 Prozent. Die Angst um den Arbeitsplatz, bisher immer auf Platz eins, fiel zurück.

Das ist ein Hammer. Wenn man nun in Rechnung stellt, dass es sich hier vermutlich um ein *all time high* an Besorgnis handelt, weil die Bilder von hereinströmenden Flüchtlingsmassen Mitte 2016 noch präsent waren, und dass sich das inzwischen vermutlich abgeschwächt hat, so bleibt doch ein gefühltes Problem erster Ordnung.

Und nicht nur in Österreich. Die Brexit-Abstimmung wurde durch das Thema Zuwanderung entschieden; bei den Wahlen in den Niederlanden und in Frankreich in diesem Frühjahr 2017 spielte dies die erste und fast einzige Rolle. Donald Trump gewann vor allem auch wegen der Immigration aus Lateinamerika. In Österreich hält sich die Freiheitliche Partei praktisch nur wegen der Zuwanderung an der Spitze.

Trump will einen Großteil der elf Millionen Einwanderer ohne Papiere aus den USA abschieben lassen. Das ist ein Schritt, über den in Europa bisher kaum jemand zu sprechen wagte.

Wird das auch bei uns in die allgemeine Debatte eingehen?

## Die Europäer wollen keine muslimische Zuwanderung mehr. Basta.

Vorläufig ist es eindeutig so: Die Europäer wollen mehrheitlich keine weitere muslimische Zuwanderung: Das zeigt eine brandneue Umfrage des britischen Think Tanks »Chatham

House«, der in zehn europäischen Ländern 10.000 Menschen die Frage vorlegte, ob »jede weitere Zuwanderung aus mehrheitlich muslimischen Ländern gestoppt werden« sollte.

Dem stimmten im Durchschnitt 55 Prozent der Befragten in Belgien, Deutschland, Griechenland, Spanien, Frankreich, Italien, Österreich, Großbritannien, Ungarn und Polen zu.

Ein Zuwanderungsstopp für Muslime ist vor allem in Polen (71 Prozent bei einigen Promille Muslime) und auf Platz zwei in Österreich mit 65 Prozent (und sieben Prozent Muslime) ein dringender politischer Wunsch. Ganz knapp dahinter folgt Ungarn, wo es ebenfalls kaum Muslime gibt. Frankreich mit einem geschätzten Anteil von acht Prozent an Muslimen ist zu 60 Prozent gegen weitere Zuwanderung aus diesem Raum. In Großbritannien mit 4,6 Prozent muslimischer Bevölkerung sind »nur« 47 Prozent für einen Stopp.

Wer die Zuwanderung gestoppt haben will, und zwar jetzt – das sind ältere, weniger gebildete, in ländlichen Gebieten lebende Menschen. Das ist ein gemeinsamer Nenner, der sich durch die gesamte Befragung zieht. Die Wissenschaftler von Chatham House bezeichneten das als »ernüchternd« und verwiesen darauf, dass gerade in Polen, Ungarn und Österreich weit rechts stehende Parteien entweder bereits an der Macht sind beziehungsweise einige Aussicht haben, dorthin zu gelangen. Was immer man von dieser europäischen Stimmungslage hält – sie ist ein mächtiges politisches Faktum.

Aber bevor wir darauf näher eingehen – was ist die reale Lage bezüglich der Zuwanderung insgesamt in Österreich?

Fast die Hälfte aller nicht-österreichischen Staatsangehörigen (48,8 Prozent bzw. 655.751 Personen) stammte aus EU-Ländern. Die Zahl der in Österreich lebenden Staatsangehörigen aus Nicht-EU-Staaten erhöhte sich im Lauf des Jahres 2016 um 35.734 Menschen (plus 5,49 Prozent) auf 687.007. Unter den ausländischen Staatsangehörigen bilden die Deutschen mit 182.000 die mit Abstand größte Gruppe, gefolgt von den Türken (117.000) und den rumänischen (92.000), kroatischen (73.0000), ungarischen (71.000) und polnischen Bürgern (60.000). Danach rangieren die Staatsangehörigen Afghanistans (45.000) und Syriens (42.000), die zugleich auch das größte Wachstum zeigten (Statistik Austria »Bevölkerung zu Jahresbeginn 2002–2017 nach detaillierter Staatsangehörigkeit«).

Was wir hier sehen, ist a) eine Arbeitskräftezuwanderung aus dem ehemals kommunistischen Osteuropa (die die Regierung unter der Führung des SPÖ-Kanzlers Christian Kern nun zurückdrängen will) und b) einen 2016 stark abgeschwächten, aber immer noch beträchtli-

chen Flüchtlingsstrom aus Krisenländern wie
Afghanistan und Syrien.

## Österreich ist schon lange Einwanderungsland

Österreich ist ein Einwanderungsland, schon
seit Jahrzehnten. Die Politik will das noch immer nicht wahrhaben – die rechten Parteien
(FPÖ und ÖVP) ohnehin nicht, der rechte
Flügel der SPÖ auch nicht, aber es ist so.

Besonders deutlich wird das, wenn man
sich von der Spaltung in Staatsbürger und
Nichtstaatsbürger wegbewegt und einfach in
Rechnung stellt, wer von den hier lebenden
Menschen einen sogenannten »Migrationshintergrund« hat. Also wer hiergeblieben ist (wes-
sen Kinder hiergeblieben sind), gleichgültig, ob
die Betreffenden nun Staatsbürger wurden oder
nicht (Anmerkung: Die Erteilung von Staats-
bürgerschaften ist in den letzten paar Jahren
drastisch zurückgegangen).

Auf Wien bezogen lauten die Werte übrigens: 1,8 Millionen Einwohner, davon 750.000
mit Migrationshintergrund, sind 42 Prozent.

Um die Sache noch etwas zu verkompli-
zieren: Die Stadt Wien verwendet eine andere Definition für Migrationshintergrund,
nämlich, »entweder selbst oder mindestens
ein Elternteil im Ausland geboren«.

Das treibt den Anteil der Bevölkerung mit Migrationshintergrund in Wien auf knapp 50 Prozent.

Wenn man sich den Gesichtspunkt Herkunft für Wien genauer ansieht, stößt man auf eine etwas andere Definition: Herkunft meint den Geburtsort und die Staatsangehörigkeit. Das heißt, Personen mit ausländischer Herkunft sind entweder im Ausland geboren und/oder besitzen eine ausländische Staatsangehörigkeit), dann sind die drei größten Gruppen mit ausländischer Herkunft die Serben (99.000), die Türken (73.000) und, Überraschung, die Deutschen (55.000). Die Polen mit rund 50.000 folgen dicht auf, dann Kroaten und Ungarn mit je rund 25.000. Die zahlenmäßig stark ins Gewicht fallenden Bosnier (42.000) sind in der Wiener Statistik nicht extra ausgewiesen, weil sie nicht der EU angehören.

## Wir brauchen Zuwanderung, aber es war bisher wohl großteils die falsche

Hier halten wir. Aber während wir uns überlegen, ob rund 15 Prozent »Ausländer« oder 20 Prozent »Migrationshintergrund« zu viel sind, müssen wir einer weiteren unbequemen Wahrheit ins Auge sehen: Nach Meinung von Experten brauchen wir zwar Zuwanderung, einfach, um die Zahl der Erwerbstätigen aufrecht-zuerhalten – aber bisher haben wir großteils die falsche Zuwanderung gehabt. Oder sagen wir es mit den Worten des Experten Heinz Fassmann: eine »ungeplante, zufällige« Zuwanderung.

Der Professor für Angewandte Geografie, Raumforschung und Raumordnung an der Universität Wien, Vorsitzender des Integrationsbeirates im Innenministerium für Inneres und Mitglied der Österreichischen Akademie der Wissenschaften und Obmann der Kommission für Migrations- und Integrationsforschung verblüffte ein hochkarätiges Publikum aus Politikern, Experten und Medienleuten bei einer Tagung »Agenda 22 – Überlegungen zur Zukunft der Republik« im Oktober 2016 in Graz mit dieser Aussage: Österreich brauche im Durchschnitt 22.000 zuwandernde Menschen jährlich, um die Bevölkerung auf einem Niveau von 8,7 Millionen Einwohnern zu halten; und jährlich 44.000 bis 2050, um die Zahl der Erwerbsfähigen stabil zu halten.

Das Problem dabei sei aber, dass Österreich eher »durch Zufall ein Einwanderungsland« wurde und nicht durch überlegte, geplante Politik (wie etwa Kanada).

Begonnen hat das vor 50 Jahren mit der ersten Gastarbeitergeneration hauptsächlich aus der Türkei und vom Balkan: »Die Politik hat lange Zeit die Integrationsfrage zur Seite geschoben, weil sie geglaubt hat, die Wanderung ist eben eine Gastarbeiterwanderung. Gäste kommen und Gäste gehen, und integrationspolitisch ist daher nichts zu tun, denn es sind alles nur kurzfristig anwesende Arbeitskräfte. Das hat sich seit den 1970er-Jahren deutlich verändert, weil damals der Familiennachzug einsetzte: Aus Gastarbeitern wurden dauerhafte Einwanderer, aber die Politik hat die Sache dennoch beiseitegeschoben.« Die Politik habe das Thema lange ausgespart und eigentlich erst mit Beginn dieses Jahrhunderts so etwas wie eine einigermaßen zusammenhängende Integrationspolitik entwickelt. Hinsichtlich der Erfolge dürfe man sich auch keine Wunder erwarten, denn das, was lange versäumt wurde, kann nicht in wenigen Jahren aufgeholt werden.

Fassmann möchte aber trotzdem eine positive Zwischenbilanz ziehen: »Es ist gelungen, Verständnis und Akzeptanz für Integration und Integrationsmaßnahmen zu schaffen – auch und besonders bei der sogenannten Mehrheitsgesellschaft. Das ist wichtig, denn wir können eine Integrationspolitik nie gegen die Mehrheit der Menschen durchsetzen. Wir brauchen die Bereitschaft der Österreicher und Österreicherinnen, Einwanderung und Einwanderer zu akzeptieren und ihnen eine gesellschaftliche Positionierung zu ermöglichen.«

Ein Spezialfall ist natürlich Wien. Dort leben rund 20 Prozent der Gesamtbevölkerung Österreichs und rund 50 Prozent der Migranten. Die Zuwanderer und auch die Flüchtlinge der Jahre 2015/16 zieht es in die Hauptstadt. Das führt zu politischen Spannungen, etwa wenn Integrationsminister Sebastian Kurz kritisiert, dass auch abgelehnte Asylwerber in Wien unter die Mindestsicherung fielen. Die echten Probleme – Wohnungsmangel, Arbeitsplatzmangel für Migranten, niedriger Bildungsgrad nicht nur bei Flüchtlingen aus rückständigen Regionen, sondern auch bei der zweiten und dritten Generation der Gastarbeiter – sind jedoch nicht zu leugnen.

Fassmann stellt aber zumindest beim Thema Bildung/Ausbildung eine Zweiteilung fest: »Tatsächlich lebt ein überdurchschnittlich hoher Anteil an Personen mit Migrationshintergrund in Wien und zwar mit einer deutlich unterschiedlichen Struktur: Auf der einen Seite sind es Gastarbeiter und deren Nachkommen mit einer eher niedrigen, formalen Qualifikation. Die Kinder dieser Gastarbeiter sind – unser Bildungssystem kann die von einer Generation zur nächsten Generation weitergegebenen Bildungsunterschiede nicht so leicht ausgleichen – abermals eher gering qualifiziert. Der bildungsspezifische Aufholprozess dauert leider unvergleichlich lang und man braucht einen langen Atem,

um diese bildungsspezifische Ungleichheit ausgleichen zu können. Auf der anderen Seite erlebt Wien auch so etwas wie eine überschich-
tende Zuwanderung. Qualifizierte Arbeitskräfte
und Studierende aus dem EU-Raum nehmen
quantitativ deutlich zu.«

Was folgt daraus für die tägliche Lebenspra-
xis? Fassmann richtet je eine Forderung an die
Mehrheitsbevölkerung und an die Zuwanderer.
Den ersten sagt er: »Sucht Kontakte zu den Zuwanderern! Es geht darum, aktiv etwas verändern zu wollen.« Den Zuwanderern selbst aber
müsse man sagen: »Integration ist ohne Anpas-
sung nicht vorstellbar. Debatten über gemeinsamen Schwimmunterricht ohne Burkini darf
es nicht geben.«

## Was tun mit der muslimischen Zuwanderung?

Damit sind wir beim Kern der Sache. Außenminister Sebastian Kurz, ein guter Seismograph für
Stimmungen, spricht von »zu viel Migration«
und stößt auf Zustimmung. Gräbt man ein wenig tiefer, stellt sich heraus, dass damit ganz
besonders muslimische Zuwanderung gemeint
ist. Das ist einfach jenes Thema, das vorder-
gründig, aber auch in einer Art Codesprache,
die Debatte beherrscht – in den Medien, in
Internetforen, von Parteien, am Stammtisch,

auf Verschwörungswebsites und so weiter. Das Schicksal von Regierungen hängt davon ab.

Aber der einen entscheidenden Frage wird trotzdem ausgewichen: Was machen wir mit der muslimischen Zuwanderung in Europa? Oder genauer: Was machen wir mit den Folgen der muslimischen Zuwanderung in Europa? Das ist etwas, was ganz dringend gesagt werden muss. Beginnen wir mit einer unbequemen Wahrheit: Die große Mehrheit der Bevölkerung glaubt nicht an eine Integration der muslimischen Bevölkerung und lehnt eine weitere Zuwanderung aus den entsprechenden Ländern ebenso mehrheitlich ab. Dafür gibt es ausreichend statistisches Material:

Der Politikwissenschaftler Laurenz Ennser-Jedenastik (Universität Wien), der einen politisch-statistischen Blog betreibt, hat Daten aus einer Vorwahlerhebung des sogenannten AUTNES von 2013 ausgegraben (AUTNES ist eine Gruppe von Soziologen und Politologen im Rahmen der Uni Wien).

Dabei wurde die Zustimmung der Befragten zu folgender Aussage erhoben: »Der europäische Lebensstil und der von Muslimen sind problemlos vereinbar.«

Die Zustimmung zu »keine Probleme zwischen europäischen und muslimischen Lebensstil« bewegte sich im niedrigen zweistelligen Bereich.

Dabei wurde jeweils nach religiöser Einstellung gefragt (Muslime waren nicht in der Auswertung). Zwischen der Selbsteinschätzung »überhaupt nicht religiös« und »sehr religiös« gibt es zu dieser Frage nur relativ geringe Unterschiede – 15 Prozent der gar nicht religiösen fanden die beiden Lebensstile vereinbar, 16 Prozent derer, die sich als »nicht sehr religiös« bezeichneten, 11 Prozent der »eher religiösen« und 12 Prozent bei den »sehr religiösen«.

## »Der europäische und der muslimische Lebensstil sind nicht problemlos vereinbar«

Nun müsste man wohl genauer fragen, was unter »europäischem« und was unter »muslimischem« Lebensstil verstanden wird. Die Antwort liegt aber auf der Hand. Die allermeisten Europäer betrachten ihre (christliche, auch jüdische) Religion nicht mehr als lebens(stil)-bestimmend. Die Vorschriften, Bräuche und Werthaltungen der Religion mögen beim Einzelnen in unterschiedlichem Maß verinnerlicht worden sein, aber eine beträchtliche Mehrheit unterwirft sich nicht mehr einer religiösen Dominanz. Auch der Staat und die Kirche(n) sind voneinander weitgehend getrennt.

Das ist bei in Europa lebenden Muslimen anders. Es gibt mehrere Umfragen unter muslimischen Einwanderern in Deutschland und auch in Österreich, wonach ein Drittel bis fast die Hälfte die religiösen Gesetze über die der staatlichen Gesetze stellt. Der Exzellenzcluster »Religion und Politik« der Universität Münster legte 2016 eine Studie über »Integration und Religion aus der Sicht von Türkeistämmigen in Deutschland« vor. In der größten Migrantengruppe in Deutschland stimmten 32 Prozent der Aussage zu, »Muslime sollten die Rückkehr zu einer Gesellschaftsordnung wie zu Zeiten des Propheten Mohammeds anstreben«. Sehnsucht nach einer mehr als archaisch geprägten Gesellschaft also.

Noch bedeutsamer: Der Aussage »Die Befolgung der Gebote meiner Religion ist für mich wichtiger als die Gesetze des Staates, in dem ich lebe« stimmten sogar 47 Prozent der Befragten zu. 36 Prozent waren überzeugt, dass »nur der Islam in der Lage ist, die Probleme unserer Zeit zu lösen«. Insgesamt hatten rund 13 Prozent eine islamistisch-fundamentalistische Einstellung.

Im Herbst 2016 löste eine ähnliche, aber enger gefasste Studie im Auftrag der Stadt Wien einige Aufregung aus: Befragt wurden Jugendliche und junge Männer zwischen 14 und 24, die von Jugendzentren betreut wurden und aus sozial schwachen Familien stammten. Rund 50 Prozent waren muslimischer Herkunft.

Demnach lehnten 27 Prozent der jungen muslimischen Befragten den Westen ab und stellten ihre Religion über die in Österreich geltenden Gesetze. 59 Prozent der Muslime sind stark gegen Homosexualität. Bei den Katholiken sind es 24, bei den Christlich-Orthodoxen 50 Prozent. Insgesamt äußerten sich 33 Prozent negativ über Juden. Bei den Muslimen ist der Antisemitismus bedenklich hoch (47 Prozent).

Eine ältere Studie (2012) unter 500 türkischen und 500 bosnischen Muslimen (die beiden größten muslimischen Gruppen in Österreich) im Auftrag des Innenministeriums, durchgeführt von Ecoquest, zeigte jedoch moderatere Einstellungen, wenn auch die Rolle der Religion für diese Menschen eine beträchtliche war: Auf die Frage, ob es für sie persönlich einen Konflikt zwischen den muslimischen Gesetzen und denen des Staates gibt, antworteten 56 Prozent mit »Nein« und doch immerhin »38« mit »Ja«.

Zudem kristallisierte sich laut Ecoquest folgende Haltung zu Religion und Staat heraus:

61 Prozent sehen Religion als etwas sehr Persönliches an, das nur sie selbst betrifft.

45 Prozent wollen, dass der Islam in ihrer Familie eine starke Rolle spielt.

50 Prozent meinen, dass der Islam wie andere Religionen öffentlich gelebt werden soll.

25 Prozent meinen, der Islam solle in der Gesellschaft eine tragende Rolle spielen.

5 Prozent, also eine sehr kleine Minderheit, wünschen, dass der Islam die Rechtsordnung und den Staat dominieren solle.

Vorläufiges Fazit: Die Religion ist für Muslime in Europa wichtig bis stark lebensbestimmend, während das für die Nichtmuslime längst nicht mehr gilt. Das ist ein ganz wesentlicher Faktor in den unterschiedlichen Lebensstilen.

Wobei man ja noch genauer differenzieren müsste: Sind alle Ausprägungen des muslimischen »Lebensstils« auch wirklich im Islam begründet? Liberale Muslime weisen immer wieder darauf hin, dass im Koran nichts von der Verschleierung steht (während etwa der Apostel Paulus in seinem ersten Brief an die Korinther fordert, dass die Frauen zumindest im Gottesdienst ihr Haar verhüllen sollen; ganz abgesehen davon, was in demselben Text dieses Gründungsvaters des Christentums über die – zweitrangige – Rolle der Frau steht).

Aber was jetzt in der gelebten muslimischen Praxis authentische koranische Lehre und was einfach die Tradition alter patriarchalischer Gesellschaften ist, wird nicht so leicht auseinanderzudröseln sein. Und es muss vielleicht gar nicht so streng geschieden werden, denn es handelt sich eben um eine weitverbreitete muslimische Lebenswirklichkeit. Das aber ist der Punkt, wenn es um die Anfangsfrage geht: Sind der europäische und der muslimische Lebensstil problemlos vereinbar?

Nein.

## Für zugewanderte Muslime ist die Religion ziemlich wichtig, für eingesessene Europäer nicht

Das ist der Punkt, über den in der ganzen Diskussion nicht wirklich geredet wird. Und es hat relativ wenig mit einer Feindschaft zwischen Christen und Muslimen zu tun, auch wenn diese jahrhundertelang die europäische Geschichte bestimmt hat. Das ist aber lange her. Heute geht es darum, dass die Europäer eher säkular eingestellt sind, die Religion für sie stark an Bedeutung verloren hat. Für die Muslime scheint sie aber eher an Bedeutung zu gewinnen, vor allem, wenn man die Türkei ansieht, die sich binnen weniger Jahre von einem streng weltlichen Staat in einen ausgeprägt religiösen verwandelt hat. Nicht nur, dass aus den türkischen Schulen jetzt die Evolutionslehre verbannt werden soll und die religiösen »Imam-Hatib«-Schulen rasant zunehmen, dass im früher kosmopolitischen und leicht dekadenten Istanbul die Kopftücher immer mehr das Straßenbild bestimmen – der Rückgriff auf den Islam scheint, in Verbindung mit dem sehr beträchtlichen türkischen Nationalstolz, ein neues Selbstbewusstsein gegenüber dem »gottlosen« Westen zu geben.

Europa ist mehr oder minder liberal, mehr oder minder areligiös, mehr oder minder fortschrittlich. Die Muslime in Europa sind eher mehr als minder konservativ, eher mehr als minder religiös, eher mehr als minder traditionell, wenn nicht in manchem geradewegs rückschrittlich.

Kopftücher, Niqabs und Hidschabs, sackartige Frauenkleider, in den Haushalt verbannte Frauen, arrangierte Ehen bis zu Zwangsehen, Ehrenmorde.

Die muslimischen Väter, die der Lehrerin nicht die Hand geben wollen; die Mädchen, die nicht zum gemeinsamen Schwimmunterricht dürfen. Oder gar nicht in die Schule.

Aberwitzige Macho-Rituale schon und gerade unter den Jüngeren, bis hin zur Bandenbildung und zum Tugendterror in Klassenzimmern. Kopftücher für neunjährige Mädchen, eine Koranschule in Oberösterreich, in der gegen den Westen und die Juden gehetzt wird.

Die Zeitungen sind voll von Bandenkriegen unter tschetschenischen, türkischen, albanischen, afghanischen Jugendlichen, von Überfällen in der U-Bahn, Handy-Raub, Schlägereien, teilweise schon organisierter Kriminalität unter muslimischen Heranwachsenden.

Das ist das, was man sieht. Was man nicht sieht, hat kürzlich das auf migrantische Themen spezialisierte Magazin *biber* in einer Reportage aus Wiener Schulen aufgedeckt: pseudo-islamischer Tugendterror gegen muslimische Mädchen.

*biber*-Redakteurin Melisa Erkurt schreibt über pubertierende Großmäuler, radikale Tendenzen und eine neue Verbotskultur mitten in Wien: »›Das ist *haram*!‹, ruft die halbe Klasse im Chor als Antwort auf meine Frage, weshalb sich ein Junge über den V-Ausschnitt seiner Klassenkollegin aufregt. Was genau daran *haram* ist, möchte ich wissen. Mensur\*, der 14-Jährige, der seine Klassenkollegin Merve\* aufgefordert hatte, ihren Ausschnitt zu bedecken, erklärt es mir ganz selbstverständlich: ›Es ist ihre Sache, wie sie sich anzieht, aber wenn ich da hinschaue und ihren Busenschlitz sehe, ist das *haram*. Dann sündige ich wegen ihr.‹«

*Haram* ist ein arabisches Adjektiv und beschreibt all das, was laut der Scharia verboten ist. Wer etwas tut, was als *haram* definiert ist, der begeht eine Sünde. Das Gegenteil von *haram* ist *halal,* also »erlaubt«. Aber dass *haram* abseits von Glaubensschriften mittlerweile seinen Weg in die Jugendsprache gefunden hat, war der *biber*-Redakteurin mit bosnischem Hintergrund noch vor ein paar Monaten nicht bewusst.

Wo sind wir da plötzlich gelandet? Das fragt sich so mancher, der in seiner Jugend die Zeit der sexuellen Befreiung miterlebt hat, den Ausbruch aus dem katholisch-muffigen Österreich der späten 1960er- und frühen 1970er-Jahren. Den »Summer of Love«, die »offene Partnerschaft« usw. Jungfräulich in die Ehe? Das ist ein Nischenphänomen in ganz kleinen kirchlichen Zirkeln. Auch das gehört zur freien Persönlichkeitsentfaltung – falls man nicht gezwungen wird durch sozialen, religiösen Druck. Und solange es nicht zu einer Doppelmoral führt, wie bei den »Haram«-schreienden Burschen, die sich selbst gern ihre sexuellen Freiheiten nehmen (würden).

Noch etwas, was man kaum oder nicht sieht: Seit Jahren gibt es in Wien eine von der Gemeinde Wien finanzierte Organisation namens »Orient Express«. Sie kümmert sich um Opfer von Zwangsverheiratungen, hauptsächlich natürlich um solche, die dagegen rebellieren und sich dadurch oft in nicht geringe Gefahr bringen. Die Fälle gehen in die Dutzende. Es gibt immer noch Geschichten von 15-jährigen Mädchen, die in den Schulferien »heim« nach Anatolien fahren und dort mit dem Cousin verheiratet werden.

Im »Flüchtlingsjahr« 2015 kamen etliche »Kinderbräute« nach Deutschland. In einem Fall entschied schließlich das Oberlandesgericht

Bamberg, dass ein 20-jähriger syrischer Mann weiter mit seiner 15-jährigen Frau, die er nach der Scharia geheiratet hatte, zusammenbleiben durfte, obwohl das Jugendamt die beiden trennen wollte.

Die Illustratorin Bianca Tschaikner, die in verschiedenen muslimischen Ländern lebte, schrieb im *Falter* einen Gastkommentar: »Die massive Frauenverachtung, von der muslimische Gesellschaften durchdrungen sind, unterscheidet sich von der unseren fundamental ... auch bei uns gibt es Frauenverachtung. Aber sie ist nicht kulturell, gesellschaftlich, gesetzlich und religiös legitimiert wie in arabischen Ländern.« Dies zu leugnen und Kritik mit »reflexhaften Rassismusvorwürfen« mundtot machen zu wollen, sei ein Verrat an allen, die in diesen Ländern gegen sexuelle Gewalt kämpfen.

Worüber nicht so gern gesprochen wird: Mit den vielen jungen Männern in der Flüchtlingswelle »lassen wir jene ins Land, die unsere Rechte mißachten« (Tschaikner).

Oder: Was machen wir zum Beispiel mit der polizeilich abgesicherten Erkenntnis, dass die rund 290 potenziellen und tatsächlichen »Dschihadisten«, also junge Männer, die von Österreich aus in den »Gotteskrieg« nach Syrien zogen, zu 40 Prozent Asylberechtigte sind? Hauptsächlich sind es Tschetschenen, die dort den Krieg gegen Russland fortführen wollen.

Aber auch Bosnier, deren Eltern in den 1990er-Jahren vor dem Jugoslawienkrieg nach Österreich flüchteten.

Schon diese Art Lebensstil ist nur noch ganz schwer mit dem europäischen vereinbar. Aber es kommt noch etwas dazu: Der politische Einfluss islamischer Staaten auf die Situation in Österreich, vor allem durch Saudi-Arabien und die Türkei.

## Erdoğans Zugriff auf die türkische Community in Österreich

Am massivsten und offensichtlichsten ist in letzter Zeit der Zugriff des türkischen Staates auf die in Europa und Österreich lebenden Menschen türkischer Abstammung geworden. Das hängt mit der zunehmenden Machtergreifung durch Erdoğan zusammen, der das Prinzip »Einmal Türke, immer Türke« besonders auf die in Deutschland und Österreich lebenden Landsleute (auch jene mit deutscher oder österreichischer Staatsbürgerschaft) ausdehnen will.

Bei einer Rede vor zehntausenden Türken in Köln sagte der damalige Ministerpräsident: »Assimilation ist ein Verbrechen gegen die Menschlichkeit.« Bei einem Auftritt in Wien im Juni 2014 nannte Erdoğan die 15.000 anwesenden türkischstämmigen Zuseher »Söhne Kara

Mustafas« (des Feldherrn der Zweiten, erfolglosen Wiener Türkenbelagerung 1683), fügte aber schein-beruhigend hinzu, niemand müsse vor einer Eroberung Angst haben.

Die Frage ist nur, ob ein ausländischer Regierungschef vor Vertretern einer Minderheitsbevölkerung eines anderen Staates patriotische bis nationalistische Reden halten soll. Der Streit darüber zwischen der Erdoğan-Türkei einerseits und den Niederlanden, Deutschland und Österreich andererseits artete im März 2017 in wüste Drohungen und Beschimpfungen durch Erdoğan und seine Leute (»Nazi-Land«) aus.

Bemerkenswert ist aber, wie Erdoğan seine Anhänger in Deutschland und Österreich mobilisieren kann. In der Putschnacht im Juli 2016 waren binnen Stunden rund 4.000 Pro-Erdoğan-Demonstranten mit einem Fahnenmeer auf den Beinen. Im Zuge der Demonstration wurde auch ein kurdisches Lokal auf der Wiener Mariahilfer Straße beschädigt – ein Hinweis, dass keineswegs Einheit unter den »Türken« herrscht. Ein großer Teil der hier ansässigen Menschen mit »türkischem Hintergrund« sind Kurden, mit denen Erdoğan in der Türkei selbst einen ausgewachsenen Bürgerkrieg führt. Überdies gibt es die Mitglieder der religiösen Gemeinschaft der Aleviten, die einen anderen Stil des Lebens und Glaubens führen wie die sunnitischen Türken. Strenge sunnitische Moslems sprechen den Aleviten sogar den Status als Moslems ab. Die Aleviten in Österreich haben auch schon eine eigene Gemeinschaft außerhalb der »Österreichischen Islamischen Glaubensgemeinschaft« (ÖIGG) gegründet.

Diese ÖIGG ist eine lockere Dachorganisation der verschiedenen muslimischen Verbände in Österreich und intern von nicht geringen Spannungen – auch zwischen Ethnien – gekennzeichnet. Bis vor wenigen Jahren war die ÖIGG eher arabisch dominiert mit einem geborenen Syrer als Präsidenten. Dann setzte sich das Gewicht der türkischen Gläubigen (rund 280.000 Menschen mit türkischem Hintergrund leben in Österreich) durch, und es wurde Fuat Sanaç, der der zweitgrößten türkisch-islamischen Gruppe, der »Islamischen Föderation« nahesteht, zum Präsidenten gewählt. Die »Islamische Föderation« ist in Wirklichkeit ein Ableger der nationalistisch-religiösen Vereinigung »Millî Görüş« (»Nationale Sicht«). Nachdem Fuat Sanaç aber nach Meinung der konservativen Kräfte in der ÖIGG zu wenig Widerstand gegen das von Sebastian Kurz eingebrachte neue Islamgesetz und seine restriktiven Bestimmungen (keine Finanzierung von Imamen aus dem Ausland) geleistet hatte, wurde er abgewählt und durch den erst 29-jährigen Religionslehrer Ibrahim Olgun ersetzt.

Olgun wiederum, in Österreich geboren, in der Türkei theologisch ausgebildet, ist Mitglied der ATIB (Austro-Türkische Islamische Union), des bei Weitem größten türkischen religiösen Vereins (in Deutschland heißt er DITIB). Die ATIB unterhält eine ganze Reihe von Kulturzentren mit angeschlossenen Gebetsräumen. Sie ist aber ganz eindeutig vom türkischen Staat und von der staatlichen türkischen Religionsbehörde »Diyanet« dominiert. Die Einsetzung Olguns als Präsident der ÖIGG kann ohne Weiteres als Machtübernahme des türkischen Staates oder eher des Erdoğan-Regimes innerhalb der Islamischen Glaubensgemeinschaft angesehen werden (arabische Mitglieder der ÖIGG haben auch vergeblich gegen die Wahl Olguns Klage beim Kultusamt im österreichischen Bundeskanzleramt eingebracht).

Wie nicht anders zu erwarten, hat die Erdoğan-Türkei Versuche unternommen, die DITIB und die ATIB für ihre politischen Zwecke zu instrumentalisieren. Nach dem Putsch, den Erdoğan mit allen Mitteln der religiös-undurchsichtigen Gülen-Bewegung anhängen will, erging offenbar Order an die ATIB-Funktionäre, angebliche oder tatsächliche Gülen-Anhänger nach Ankara zu melden. Der Abgeordnete der österreichischen Grünen, Peter Pilz, legte auch Dokumente vor, die diese geheimdienstlichen Aktivitäten über eine religiöse Vereinigung beweisen sollen. Wie durch Zufall verließ der Vorsitzende von ATIB und Religionsattaché an der türkischen Botschaft, Fatih Mehmet Karadas, nahezu gleichzeitig Österreich. Es hieß, das sei im normalen Turnus geschehen. Aber der Vorgang bewies, dass ATIB ganz eindeutig unter Kontrolle des türkischen Staates steht (auch früher waren hohe Positionen im Vorstand des Vereins mit türkischen Diplomaten besetzt gewesen).

Es zeigt sich ein beunruhigendes Bild. Die immer undemokratischer und autoritärer werdende Türkei, genauer gesagt das Erdoğan-Regime, versucht auf europäischem, österreichischem Boden und unter der türkischstämmigen Bevölkerung ihre spalterische, hetzerische Politik zu betreiben. Demonstrationen wie die nach dem Putsch, bei denen Parolen wie »Sag es, und wir töten – sag es, und wir sterben!« skandiert wurden, sind mehr als bedenklich. Die Demo wurde übrigens (wie etwas früher eine gegen Israel) von der UETD (Union Europäisch-Türkischer Demokraten) organisiert, die als ausländische Vorfeldorganisation von Erdoğans AKP-Partei gilt und sich aus erfolgreichen türkischen Unternehmern rekrutiert.

In der Türkei gab/gibt es den »tiefen Staat« – undurchsichtige Netzwerke in Polizei, Justiz, Verwaltung, religiöse Vereinigungen. Was immer sie für eine Ausrichtung haben – pro-

Erdoğan oder auch anti-Erdoğan – sie sind jedenfalls verschwörerisch und nicht demokratisch legitimiert oder auch nur demokratisch gesinnt. In Österreich haben türkische Persönlichkeiten und Vereinigungen die Republik nicht durchdrungen oder unterwandert. Die wenigen »türkischen« Abgeordneten auf Nationalrats- oder Landtagsebene sind meist kurdischer Herkunft oder jedenfalls nicht Erdoğan-nahe, ganz im Gegenteil.

Aber es liegt offenbar eine beachtliche Durchdringung der türkischstämmigen Community vor, auch wenn da keine so große Begeisterung dafür zu herrschen scheint, sich für Erdoğan einspannen zu lassen. Bei der Präsidentenwahl 2014 stimmten zwar zwischen 64 und 80 Prozent der stimmberechtigten Türken in Österreich für Erdoğan, aber die Wahlbeteiligung lag (wohl auch wegen des schwierigen Registrierungsprozesses) nur bei neun Prozent. Im nächsten Jahr, bei den Parlamentswahlen war die Wahlbeteiligung schon wesentlich höher – aber mit 34,7 Prozent auch nicht gerade exemplarisch. Als wichtigen Maßstab betrachteten Anfang 2017 alle Experten das Ergebnis von Erdoğans Referendum am 16. April unter den Auslandstürken: nicht nur, ob dann mit »Ja« für seine Machtwünsche gestimmt wurde, sondern auch wie hoch die Wahlbeteiligung war.

Bisher wissen wir nicht viel mehr als das: Wie es mit den bereits hier befindlichen muslimischen Zuwanderern weitergehen soll, ist enorm wichtig für den sozialen Frieden. Erste Antworten kann es da nur skizzenartig geben: Die Politik, der Journalismus und auch die Zivilgesellschaft müssen unbedingt viel mehr als bisher den Kontakt zu den Zuwanderern suchen. Besonderes Augenmerk ist auf die muslimischen und da wieder auf die in Österreich dominante türkischen Zuwanderer zu legen.

Sie lebten bisher neben uns her. Jetzt geraten sie teilweise unter den Einfluss eines nationalistischen, undemokratischen Regimes. Das ist brandgefährlich. Das verlangt nach einer Doppelstrategie: einerseits die Zuwanderer engagieren, einbinden, schon in der Schule, schon im Kindergarten, andererseits eine Mindestanpassung fordern.

Die türkischen Fahnenmeere bei diversen Demonstrationen sind falsch. Aber wenn man sie verbieten muss, ist man im Grunde schon gescheitert. Sie müssen durch eigene Erkenntnis verschwinden. Das wird sehr schwer, aber man muss die Türken dabei unterstützen, sich mit Österreich zu identifizieren. Wer das nicht will oder kann, dem muss man die Möglichkeit einer unterstützten Rückkehr bieten.

Hunderttausende Zuwanderer aus Ost- und Südosteuropa sind mehr oder weniger fest integriert. Das ist das Modell.

Die größte Angst der lange ansässigen Bevölkerung ist aber mit einer Frage zu umreißen: Kommen noch mehr?

## Gibt es einen Schwellenwert für Zuwanderung?

Gibt es einen Schwellenwert, an dem man sagen kann, bis hierher geht es mit der Zuwanderung und nicht weiter?

Um noch einmal Heinz Fassmann zu zitieren: »Nein, es gibt keinen Schwellenwert. Jeder, der das behauptet, kennt die Forschung nicht und kennt auch nicht die Realität. Die Suche nach diesem Schwellenwert – im Englischen wäre das der ›tipping point‹ –, ab dem eine Zuwanderung nicht mehr verkraftbar ist und zu Konflikten führt, hat sich immer als erfolglos herausgestellt. Es hängt sehr stark von der Struktur der Zugewanderten und der Struktur der aufnehmenden Bevölkerung vor Ort ab, die eine Verallgemeinerung verhindern. Also, keinen Schwellenwert mit fünf Prozent, keine sieben Prozent, keine zehn Prozent. Vielleicht bei 50 Prozent, aber diese Größenordnung müssen wir real nicht diskutieren.«

Es gibt allerdings einen politischen Schwellenwert und der dürfte in der Bevölkerung erreicht sein. Besonders wenn man in Betracht zieht, dass zur Zuwanderung aus dem Nahen Osten nun eine potenziell viel größere aus Afrika kommen könnte.

# 3.

## DIE FURCHT VOR DER GANZ GROSSEN FLUCHTWELLE AUS AFRIKA

Wer schon eine Weile hier ist, der sei kein Migrant mehr, so der Experte Fassmann. Die große Mehrheit der Bevölkerung in Europa sieht das aber wohl anders. Und während sich die Debatte bisher hauptsächlich um die Immigration aus dem Großraum Naher bis Mittlerer Osten (Nordafrika inklusive) dreht, konzentriert sich die Besorgnis zunehmend auf den Zustrom aus Schwarzafrika (oder Subsahara-Afrika, wie der politisch korrektere Ausdruck lautet).

Der Weg aus der Türkei über die Ägäischen Inseln und die Balkanroute nach Österreich und Deutschland, der die Schlagzeilen 2015/16 beherrschte, ist im Großen und Ganzen blockiert. Verantwortlich dafür sind zwei Abkommen: einerseits die von Österreichs Außenminister Sebastian Kurz initiierte Sperre der Grenze zwischen Mazedonien und Griechenland durch die mazedonische Regierung im Frühjahr 2016. Das hatte zur Folge, dass sich in Griechenland rund 60.000 Personen aus Syrien, Irak, Afghanistan, aber auch aus Algerien, Marokko und Tunesien stauten, aber seither kommen viel weniger in Mitteleuropa an. Die zweite, genauso wichtige Maßnahme war das Abkommen der EU, im Grunde jedoch der deutschen Kanzlerin Angela Merkel, mit der Türkei. Die Türken stoppten die Boote, die seit der zweiten Jahreshälfte 2016 massenhaft in Richtung der küstennahen griechischen Inseln starteten, zum allergrößten Teil. Dafür bekommen sie von der EU (hauptsächlich Deutschland) drei Milliarden Euro. Auch das hat bis zum Frühjahr 2017 zu einer drastischen Verringerung geführt, auch wenn Sebastian Kurz aus schwer erkennbaren Gründen dagegen opponierte (»Man darf sich nicht der Türkei ausliefern«).

Ob dieser Deal hält, war Anfang 2017 angesichts der Eigenheiten des türkischen Autokraten Erdoğan nicht leicht zu sagen. Aber er hat Vorbildwirkung für ein anderes großes Problem: den massenhaften Zustrom aus Afrika.

Auch hier leben wir bereits seit Längerem mit unablässig auftauchenden, deprimierenden Bildern – elende Schlauch- oder Holzboote, die vollgepfercht mit Menschen aus Schwarzafrika, von der libyschen, aber auch der tunesischen und sogar der ägyptischen Küste über das Mittelmeer nach Süditalien starten. Zehntausende sind bereits gekommen, Tausende aber dabei ertrunken. Die Kriegsmarinen vor allem Italiens, aber auch der EU-Organisation »Frontex« sammeln die von skrupellosen Schleppern losgeschickten Flüchtlinge auf und bringen sie nach Süditalien, wo sie in Lagern vor sich hinvegetieren.

Worüber noch kaum gesprochen werden darf und wird, aber dringend gesprochen werden müsste: Ein viel größerer Zustrom ist zu erwarten. Afrika setzt sich in Bewegung nach Europa.

Eine ganze Reihe von schwarzafrikanischen Staaten von Westafrika (Nigeria, Mali, Gambia, Senegal) bis Südostafrika (Eritrea, Somalia) wird von diktatorischen Regimen, blutigen Bürgerkriegen mit islamistischer Beteiligung und den Folgen des Klimawandels erschüttert. Eine Dokumentation des bekannten Kolumnisten der *New York Times*, Thomas Friedman, zeigt, wie sich wegen der anhaltenden Dürre die Dörfer Westafrikas leeren. Die Klimaflüchtlinge werden organisiert durch die Sahara an die nordafrikanische Küste, hauptsächlich Libyen, gebracht und dort in die Boote gesetzt. 2016 waren es 180.000 aus Libyen. Was sie auf dieser Reise zu erdulden haben, ist ein trauriges Kapitel. Noch deprimierender ist die Tatsache, dass für diese großteils schlecht oder nicht ausgebildeten Menschen absolut keine Chance auf ein halbwegs akzeptables Leben in Europa besteht. Spanien und Süditalien haben schon alle Erntehelfer, die sie benötigen. Es kommt bereits zu Übergriffen auf die nachdrängenden Migranten.

Der wahre Sprengstoff liegt aber in der – erwarteten – Langfristentwicklung. Derzeit leben in Europa (Russland inklusive) etwa 740 Millionen Europäer. Wirklich relevant für unser Thema sind aber die etwas mehr als 500 Millionen in der EU. Ihnen stehen derzeit knapp 1,4 Milliarden Afrikaner gegenüber.

Nach den Berechnungen der UN wird es 2050 rund 707 Millionen rapide alternde Europäer geben, aber 2,4 Milliarden Afrikaner.

Die UN blicken auch in das Jahr 2100 voraus und sehen dort nur noch 650 Millionen Europäer und 4,4 Milliarden Afrikaner.

Das Problem mit Prognosen ist – nach einem Sprichwort –, dass sie schwer zu treffen sind, besonders wenn sie die Zukunft betreffen. In fast hundert Jahren kann sich eine Entwicklung vollkommen umkehren. Aber selbst, wenn man nicht glaubt, dass sich Hunderte Millionen Afrikaner auf den Weg nach Europa machen werden – schon die jetzige Zuwanderung ist den Europäern zu viel.

## Abhaltungsstrategien, die nicht sehr human sind ...

Was tun? Natürlich gibt es Lösungsmodelle, aber schön sind diese nicht. Und vor allem sind sie äußerst unsicher. Die deutsche Bundesregie-

rung will die Tunesier dazu bringen, auf ihrem
Territorium Auffanglager der EU errichten zu
lassen. Dort sollen die über die Sahara ankom-
menden Massen auf ihre Asylchance geprüft
und in der Mehrzahl der Fälle wohl wieder
zurückgeschickt werden. Erstes Problem: Die
Tunesier wollen das nicht. Zweites Problem:
Die Schlepper werden ihre »Kunden« dann
wohl noch mehr als bisher über den »failed state«
Libyen an die Mittelmeerküste bringen. Was
sie dort inmitten von marodierenden Banden
und Bürgerkriegsparteien erwartet, kann man
sich vorstellen.

Dennoch – ziemlich zynisch betrachtet –
funktioniert so ein Modell bereits, allerdings
ohne offizielle EU-Lager. Bis vor wenigen Jahren landeten auf den Kanarischen Inseln ständig
Boote mit (meist halbtoten) Flüchtlingen aus
Westafrika. Die Spanier bestachen daraufhin die
Machthaber in den westafrikanischen Staaten,
keine Boote mehr wegzulassen. Was mit den
gestrandeten Menschen dann passiert ist, weiß
man nicht so genau.

Im Grunde ist auch der EU-Türkei-Deal
nichts anderes, nur etwas humaner: Die Türkei
lässt viel weniger Boote von ihrer Mittelmeerküste starten (der Landweg über die europäische Türkei nach Griechenland und Bulgarien
ist mit Zäunen versperrt), aber die Lager in der
Türkei sind halbwegs organisiert und ein Teil

der Flüchtlinge aus Syrien und dem Irak hat sich eine (prekäre) Existenz aufgebaut.

Was sich Außenminister Sebastian Kurz vorstellt, nämlich die Flüchtlinge auf irgendwelchen Mittelmeerinseln zu internieren (»australische Lösung«), ist praktisch undurchführbar. Die süditalienischen Inseln sind voll, und auf den griechischen Inseln vor der türkischen Küste rebelliert bereits die Bevölkerung. Im Übrigen ist die originale »australische Lösung« (Internierung auf irgendwelchen elenden Südseeinseln) ein handfester Menschenrechtsskandal.

Aber: So wie die Lage jetzt ist, wird es irgendeine Form von Abkommen mit den nordafrikanischen Staaten geben müssen, um die aus der Subsahara herandrängenden Migranten auf der Südseite des Mittelmeers zu halten.

Irgendeine Lösung mit Lagern in Nordafrika wird es bald geben müssen, denn politisch verkraftet die EU eine afrikanische Massenimmigration nicht. Jedenfalls wird die Maßnahme immens schwer umzusetzen sein und schwere Beeinträchtigungen für die Migranten bringen.

Die unbequeme Wahrheit ist: Die krisengeschüttelten Länder des Nahen Ostens und Afrikas bringen mehr Elends- und Kriegsflüchtlinge hervor, als Europa aufnehmen kann.

## »Überfremdung«? »Umvolkung«?

Wenn wir aber über Migration reden, was ist mit denen, die schon hier sind? Sämtliche rechtspopulistischen Parteien Europas warnen vor »Überfremdung«, »Umvolkung« (ein NS-Ausdruck) und davor, dass Muslime ab einem gewissen Prozentsatz eine kulturelle Dominanz anstreben würden. Zu den Forderungen der FPÖ gehört sogar eine »Minus-Zuwanderung«, was nichts anderes als eine Rückkehr nennenswerter Zahlen an Migranten in ihre Heimatländer bedeutet.

Doch sehen wir uns die Entwicklung nüchtern an. Ein Indiz für die Bewegung in der Migrationspolitik ist die Zahl der Einbürgerungen. Eindeutiger Trend: Sie gehen drastisch zurück. Nennenswerte Einbürgerungen begannen in den 1980er-Jahren: rund 8.000 pro Jahr. Einen Höhepunkt erreichten sie zu Beginn des neuen Jahrhunderts: 45.000 im Jahr 2003. Von da an ging es bergab: immer noch 35.000 im Jahr 2005, aber zehn Jahre später, 2015, nur noch 8.100 (nach einem leichten Anstieg zwei Jahre zuvor).

Eine dramatische Rückentwicklung auch bei den beiden größeren (überwiegend muslimischen) Gruppen: 2005 wurden 7.000 Bosnier und 9.500 Türken eingebürgert. 2015 waren es nur noch 1.200 Bosnier und rund 1.000 Türken.

Einbürgerungen sind eine Sache, die hohe Geburtenrate der (muslimischen) Zuwanderer eine andere.

## Die »Mär vom islamischen Geburtenboom«

Eine interessante, ja, signifikante Entwicklung zeigt auch eine andere brandneue Statistik: die Geburtenrate. In der Polemik der Rechtspopulisten wird die höhere Zahl an Kindern besonders in muslimischen Familien als Beweis für die »Umvolkung« angeführt. Nun besteht kein Zweifel, dass die Geburtenrate bei Musliminnen stets höher war. Aber auch das ändert sich: Die Geburtenziffer bei islamischen Glaubensangehörigen mit Wohnsitz in Österreich stagniert: 2014 rund 11.000 Kinder, 2004 bis 2014 jährlich ebenfalls rund 11.000. Das ist besonders auffällig bei türkischstämmigen Frauen, die den größten Anteil unter den Musliminnen bilden: Mitte der 1980er-Jahre lag die Fertilitätsrate noch bei knapp vier Kindern pro Frau, heute aber unter 2,3 (übrigens fiel die Fertilitätsrate auch in der Türkei selbst – obwohl Erdoğan »mindestens drei Kinder« als Pflicht für jede patriotische türkische Frau ausgerufen hat – und in anderen mehrheitlich muslimischen Ländern).

Eine »technische« Anmerkung: Unter Fertilitätsrate versteht man die Wahrscheinlichkeit, wie viele Kinder eine heute 15-Jährige bis zu ihrem 50. Geburtstag statistisch gesehen bekommen wird. Um den Stand der österreichischen Bevölkerung gleich zu halten, sind 2,1 Kinder notwendig. Das war Anfang der 1970er-Jahre zuletzt der Fall. In den letzten Jahren ist die Fertilitätsrate in Österreich wieder angestiegen, und zwar von 1,33 zu Beginn der 2000er-Jahre auf heute 1,49. Zuwanderung ist also immer noch notwendig (siehe die Erklärungen des Experten Heinz Fassmann in den vorigen Kapiteln).

Die steigende Geburtenrate ist übrigens fast ausschließlich auf konfessionslose Mütter zurückzuführen, die 2015 23.813 Kinder zur Welt brachten (Gesamtgeburten in diesem Jahr: 84.023; im ersten Halbjahr 2016 waren es 42.341).

Man könnte auch von einer zunehmenden Emanzipierung selbstbewusster junger Musliminnen sprechen, die etwa das Institut für Islamische Studien an der Universität Wien in einer Untersuchung über »muslimische Alltagspraxis« 2013 feststellt. Eine klassische Aussage einer Befragten dazu:

»Ich bin eine stinknormale Muslimin wie 80 Prozent aller Muslime, glaub ich. [...] Aber am Ende des Tages, ich bin Muslimin, weil meine beiden Eltern Moslems sind, und dann bist du es ja automatisch und mehr is es auch nicht, ich bin natürlich in dieser Kultur aufgewachsen – klar, aber bei vielen Sachen wüsste ich nicht einmal, ob das einen religiösen Hintergrund hat oder ob das eher traditionell ist. So, es ist genauso wie: man feiert Ostern und Weihnachten und das is es aber! Aber ich – ich lebe diese Religion jetzt nicht aus.«

In der großen Integrationsstudie des zuständigen Staatssekretariats, ebenfalls aus 2013, heißt es, die Musliminnen der zweiten und dritten Generation hätten sich den Österreicherinnen weitgehend angepasst. Das Rollenbild »Mann im Beruf, Frau in der Familie« wird von 39 Prozent der Muslime der ersten Generation unterstützt. Bei der Hausarbeit machen Musliminnen der zweiten Generation weniger als ihre Mütter, die Männer beteiligen sich mehr. Musliminnen der ersten Generation hätten einen deutlich höheren Kinderwunsch als die Einheimischen. Das ändere sich in der zweiten und dritten Generation.

Mit verstärkter Frauenemanzipation schwächt sich die Geburtenrate ab – überall auf der Welt. Wer vor dem »islamischen Geburtenboom« Angst hat, muss die feudalen und patriarchalen Strukturen in dieser Gesellschaftsschicht aufbrechen (helfen).

## Was ist mit Rückwanderung?

All das bedeutet immer noch nicht, dass der schwelende Konfliktstoff im Zusammenhang mit den Muslimen verschwinden wird. Sie werden bis 2030 rund zehn (statt jetzt sieben) Prozent der österreichischen Bevölkerung ausmachen (1991: zwei Prozent). In Wien werden es 20 Prozent sein. Eine klare Mehrheit von 56 Prozent der Österreicher glaubt, dass der Islam eine negative Auswirkung auf die österreichische Gesellschaft hat (30 Prozent eine positive).

Heikles Thema: Was ist mit Rückwanderung? Seit 2005 wandern mehr Menschen aus Deutschland in die Türkei aus als von der Türkei herkommen. Die Gründe: bessere wirtschaftliche Chancen in der boomenden Türkei mit guter deutscher Ausbildung, Überdruss am »Zwang zur Integration« oder gar zur Assimilierung. In Österreich will der ehemalige Grünen-Politiker und Sozialwissenschaftler Efgani Dönmez schon lange einen Rückwanderungstrend beobachtet haben: »Die Jungen ziehen zurück in die Türkei, weil sie in Österreich immer mehr mit Repressalien und Benachteiligungen zu kämpfen haben. In der Türkei werden diese Menschen mit offenen Armen empfangen. Die türkische Wirtschaft wächst und der Bedarf an gut ausgebildeten Menschen, die auch mehrere Sprachen sprechen, steigt parallel an.«

HC Strache empfahl den demonstrierenden Erdoğan-Anhängern die Heimreise in die Türkei. Daraufhin meldete sich eine Vorarlberger Gruppe namens »Neue Bewegung für die Zukunft«, die als Migrantenpartei kandidieren will, und meinte, gegen Rückzahlung der Sozialbeiträge wäre für etliche Türken schon eine Rückkehr denkbar.

## Die europäischen Errungenschaften wirken von selbst – wo nicht, sind sie durchzusetzen

Derlei ist jedoch nicht wirklich realistisch. Österreich und Europa müssen mit ihren Muslimen auf die traditionelle, europäische Weise umgehen – auf einer Grundlage der Liberalität sehr entschieden die Akzeptanz der europäischen Werte verlangen und wohl auch durchsetzen. Demokratie, Freiheit des Denkens, Rechtsstaat, Frauenrechte, eine sozialverträgliche Rolle der Religion, das haben wir uns mühsam errungen und wollen es nicht durch die Hintertür der Zuwanderung wieder nehmen oder beschädigen lassen.

Im Übrigen muss man auf die Attraktivität des freiheitsbetonten europäischen Lebensstils setzen. Der bekannte ehemalige SPD-Bürgermeister von Berlin-Neukölln, Heinz Buschkowsky, ein klarer Kritiker der muslimisch geprägten

Parallelgesellschaft, meinte zwar: »Die Idee des Euro-Islam ist gut, er wird auch irgendwann einmal kommen, er ist aber heute reines Wunschdenken. Im Alltag geht die Entwicklung eher rückwärts.«

Umso mehr liegt es an der freien, europäischen Gesellschaft, ohne Hass, aber mit Nachdruck und ohne falsche »political correctness« die europäischen Errungenschaften auch großflächig unter Zuwanderern durchzusetzen.

# 4.
# »LÜGENPRESSE« – IST JOURNALISMUS NOCH GLAUBWÜRDIG?

Wir Journalisten haben es immer gewusst: Unser Sozialprestige ist ziemlich prekär. Der Oberkellner im Wiener Kaffeehaus sagt zwar »Herr Doktor« oder »Herr Chefredakteur« zu uns, auch wenn wir beides nicht sind, aber in Vertrauensrankings landet der Beruf »Journalismus« ganz weit unten, noch hinter den Politikern und meilenweit hinter Ärzten, Polizisten und so weiter.

Neuerdings ist aber ein ernsterer Ton hinzugekommen. Die intellektuelle Redlichkeit und die Unabhängigkeit der Medien werden massiv angezweifelt. Wer »Lügenpresse« schreit, steht zwar meistens ganz rechts im politischen Spektrum, wer von »undurchsichtigen Hintermännern« und geheimnisvollen Drahtziehern raunt, womöglich von der »Ostküste« der USA, der verrät sich als meist rechter, manchmal linker, nicht selten auch antisemitischer Verschwörungstheoretiker.

Aber da ist mehr. Der Ausdruck »Mainstream-Medien« ist nicht nur unter paranoiden

Spinnern geläufig geworden, sondern auch eine wachsende Zahl durchaus gemäßigter Bürger will damit ausdrücken, dass sie die (seriösen) Medien als Teil und Interessenvertreter des Establishments betrachten.

Im Mai 2016 hielt die Mehrzahl (60 Prozent) der Menschen in Deutschland Nachrichtenmedien laut einer Studie im Auftrag des Bayerischen Rundfunks für gelenkt, zu einseitig berichtend und zu wenig lösungsorientiert. Nur gut ein Drittel der Befragten (34 Prozent) hielt die Berichterstattung der deutschen Nachrichtenmedien für wirklich unabhängig. Als Drahtzieher im Hintergrund gelten insbesondere Regierung, Parteien und Wirtschaft – über Lobbyverbände und über den Druck von Werbekunden.

Die Forscher bilanzieren in der Studie, es gebe ein allgemeines »Unbehagen gegenüber Politik, Wirtschaft und anderen gesellschaftlichen Eliten, das sich im Zuge der Krisen der vergangenen Jahre nun auch offensiv manifestiert«.

Allerdings: Zu Jahresende 2016 ergab eine Studie der Universität Mainz, dass die Anzahl der Bürger, die den Medien vertrauen, in den vergangenen Jahren deutlich gestiegen ist. Demnach fänden heute 40 Prozent der Deutschen, dass man den Medien in wichtigen Fragen eher oder voll und ganz vertrauen könne.

Also was nun? Es ist kein wirklicher Widerspruch, sondern Zeichen einer Polarisierung. Es gibt zwar mehr Menschen, die den Medien vertrauen, aber gleichzeitig auch mehr, die das nicht tun.

Die Österreicher sind sogar noch eher bereit, von Autoritäten das Schlechteste anzunehmen als die Deutschen. Hierzulande glauben nach einer Umfrage des market Instituts, veröffentlicht vom *Standard* im Februar 2017, nur 31 Prozent, dass es unabhängige Medien gibt. »Und das sind nicht irgendwelche Verschwörungstheoretiker, die so eine Meinung äußern, das ist eine repräsentative Stichprobe von 431 Wahlberechtigten«, sagte der Studienleiter.

## Der klassische, der etablierte Journalismus verliert an Akzeptanz

Ist es so schlimm? Und falls ja, wie ist es so weit gekommen? Wie und wo ging das Vertrauen der »Massen« in die Wahrheits- und Faktentreue der Institutionen verloren? Vor allem das Vertrauen in die Institution des kritischen Journalismus?

Selbstverständlich sind auch die Journalisten selbst am Vertrauensverlust schuld. Sie sahen sich zum Teil als Mitglied des Establishments, zwar als Kontrolleure, aber innerhalb des Systems. Mit »System« ist gemeint: die im Großen und Ganzen demokratische, marktwirtschaftliche, rechtsstaatliche, gesellschaftlich liberale Verfassung der Gesellschaften des hoch entwickelten Westens.

Bis vor ganz kurzer Zeit gingen die meisten Qualitätsmedien im Westen davon aus, dass man dem Establishment, den »Mächtigen«, den »Eliten« zwar kritisch auf die Finger schauen müsse, aber sozusagen als Teil eines etablierten Systems von »Checks and Balances«. Als demokratische Kontrolle innerhalb der Demokratie. Kurz gesagt, die allermeisten Journalisten identifizieren sich mit dem »System«, denn es erlaubt ihnen eine weitestgehend freie Berufsausübung. Das bringt natürlich auch persönliche Verflechtungen mit sich, denn kein investigativer Journalist und auch kein Kolumnist kommt ohne Kontakt, oft genug vertraulich-freundschaftlichen Kontakt, zu Politikern aus.

Journalist sein bedeutet auch, sich im »Establishment« bewegen zu können. Wobei: Was heißt Establishment? Demokratische Institutionen wie Regierung, Parlament, Landesparlamente, Gewerkschaften, Arbeitgeberverbände, Think Tanks, informelle Gesprächsrunden, NGOs etc.? Wer da keinen Zugang hat, kann den Journalistenberuf gleich aufgeben.

Aber nicht nur Macht korrumpiert, sondern auch der Zugang zu ihr. Man muss sehr darauf achten, die Grenze zwischen journalistisch gerechtfertigtem Zugang und peinlicher Kumpanei nicht zu überschreiten.

Der amerikanische Watergate-Skandal rund um den US-Präsidenten Richard Nixon konnte nur aufgedeckt werden, weil die beiden Journalisten der *Washington Post* Zugang zu hochrangigen Informanten im Regierungsapparat selbst hatten. Man war sich einig, dass das demokratische System sauber gehalten werden müsste, und riskierte damit einiges.

Jahrzehnte später versagten die Leitmedien wie *Washington Post* und *New York Times* bei der Einschätzung des Irakkrieges. Auch Journalisten sind Patrioten, und sie brachten einfach nicht oder zu spät die Kraft auf, um zu erkennen, dass hier ein Präsident George W. Bush einen sinnlosen und auf falsche »Beweise« über Massenvernichtungswaffen gestützten Krieg riskieren würde.

Der (zweite) Irakkrieg von 2003 brachte sehr viel vom Restvertrauen nicht nur in die westliche Führungsmacht USA – und in die kritische Presse – zum Einsturz. Der Irakkrieg war ein Ausdruck amerikanischer Selbstüberschätzung und Selbstüberdehnung, und die Journalisten machten teilweise mit. Die USA verloren enorm an Glaubwürdigkeit und die westlichen Journalisten, die den Krieg unterstützten oder jedenfalls nicht entschieden genug kritisierten, wurden in den Verlustsog mit hineingerissen. Es war ein Krieg, der auf einer Lüge basierte, und die Lüge war nicht entschieden genug von den Mitgliedern des Establishments, deren Beruf der Journalismus ist, aufgedeckt worden.

Wir reden hier übrigens von Qualitätsjournalismus. Im Bewusstsein sehr vieler Menschen gibt es einfach nur »die Medien«, egal ob es sich um übelste Hetzblätter mit riesiger Auflage oder um Qualitätszeitungen handelt. Das ist aber ein gewaltiger Unterschied.

Was nicht oder zu selten gesagt werden darf: Die sogenannten Boulevardmedien haben ganz andere Interessen als Qualitätszeitungen. Ihr Interesse ist nicht in erster Linie Information, nicht die möglichst unbeeinflusste Einordnung von Geschehnissen, sondern manchmal der Vorrang (von an sich legitimen) Geschäftsinteressen vor halbwegs objektiver Berichterstattung, manchmal schlichte Propaganda für eine genehme politische Richtung oder Partei, manchmal blankes Aufhetzen, manchmal populistisches Drehen nach dem jeweiligen Wind.

## Der europäische Journalismus wollte lange einfach nicht hinschauen

Aber selbst wenn man diese offenkundige Tatsache in Rechnung stellt, sind die Qualitätsmedien und ihre Journalisten dennoch nicht von zwei großen journalistischen Versäumnissen und Fehleinschätzungen freizusprechen:

Sie haben zu lange weder die ökonomische Verunsicherung breiter Bevölkerungsschichten durch die Globalisierung noch die psychologische Verunsicherung derselben Schichten durch die Zuwanderung erkannt. Und wenn sie sie erkannt haben, dann haben sie nicht entsprechend darauf reagiert, alle ihre Ressourcen eingesetzt, um ein Thema daraus zu machen – eher im Gegenteil.

Das gilt besonders für die Zuwanderung. Das Thema »Wie leben die Migranten bei uns, und was geht uns das möglicherweise an« war fast jahrzehntelang keines. Der europäische Journalismus wollte einfach lange nicht hinschauen. Und zwar weder der Krawall- noch der Qualitätsjournalismus. Die Boulevardpresse hatte bald heraus, dass die Zuwanderung auf beträchtliches Unbehagen gerade bei den einfacheren Schichten stieß (und stößt). Damit hatten die Krawallblätter ein Thema, dass sie mit den Rechtspopulisten teilten. Jedoch verstärkten sie nur das Unbehagen ihrer Leser mit den Zuwanderern, vor allem den muslimischen, interessierten sich aber nicht für deren wirkliches Leben. Reportagen aus Moscheen haben immer noch Seltenheitswert (auch mangels sprachkundiger Journalisten). Es wird über die

Köpfe der Zuwanderer hinweg berichtet und kommentiert, auch wenn jetzt die politischen Ambitionen besonders der türkischen Erdoğan-Anhänger in Österreich doch stärker beachtet werden. Aber das Alltagsleben der Zuwanderer kommt fast nicht vor.

Ganz ähnlich verhält es sich auf der anderen Seite der (liberalen) Qualitätsmedien. Für sie waren die Zuwanderer, muslimisch oder nicht, lange Zeit lediglich Projektionsflächen für die eigene tolerante, aufgeklärte Haltung: gegen Rassismus, gegen Fremdenfeindlichkeit, gegen »Islamophobie«. Zuwanderer waren eigentlich nur Anlassfälle für den eigenen politischen Kampf. Was genau sich in ihrer Welt abspielte, war nicht so interessant.

Dass diese Türken, Bosnier, Tschetschenen und jetzt Afghanen und Nordafrikaner aber eine eigene Identität mit eigenen Sitten und Gebräuchen und eigenen unter Umständen problematischen Traditionen hatten, war lange Zeit unter liberalen Journalisten kaum präsent und auch nicht so wichtig.

Immer noch ist es so, dass das wahre, alltägliche Leben der Zuwanderer viel zu wenig journalistisch aufgearbeitet wird, und zwar auch durchaus im Sinne eines Qualitätsjournalismus. Es ist vielen einfach zu mühsam, über Sprach- und sonstige Barrieren hinweg direkt in die Welt der Zuwanderer einzutauchen. So bleibt fast nur die Kriminalitätsberichterstattung: wenn sich Tschetschenen und Afghanen eine Straßenschlacht liefern, wenn tschetschenische Jugendliche durch besondere Gewaltaffinität auffallen. Der Hintergrund wird meist nicht beleuchtet: dass es sich um eine Ethnie handelt, die nach dem zweiten Tschetschenienkrieg 1999 verstärkt Asyl in Österreich erhielt, die seit Jahrhunderten gegen russische Unterdrückung kämpft und dabei in einem archaischen Clan-system mit einem zwanghaften »Ehre und Ge-walt«-Code verstrickt bleibt.

Soll heißen: Sowohl der Boulevard- wie der Qualitätsjournalismus haben die Herausforde-rung durch die Zuwanderung nicht recht be-wältigt, der zweite etwas besser als der erste, aber trotzdem nicht ausreichend. Das müssen wir uns eingestehen.

## Gesteuert? Von wem?

Eine ganz andere Frage ist, ob es sich dabei um bloße Unzulänglichkeit handelt oder ob die Medien von irgendwelchen dunklen Mächten oder der Regierung abhängig sind oder gesteuert werden. Nach einer Studie der EU-Kommission (Eurobarometer) vom Herbst 2016 glauben im Durchschnitt 57 Prozent der EU-Bürger nicht, dass die jeweiligen nationalen Medien unabhängig von politischen oder kommerziellen Einflüssen sind. Österreich und Deutschland bilden da allerdings eine Ausnahme: Hier haben jeweils 54 und 53 Prozent Vertrauen in die Unabhängigkeit der nationalen Medien.

Dennoch sind 40-Prozent-Minderheiten, die nicht an eine unbeeinflusste journalistische Haltung glauben, nicht unbeachtlich. Wobei man wieder differenzieren muss – »beeinflusst« ist etwas anderes als »gesteuert«. Jedes Medium hat eine mehr oder minder ausgeprägte Ausrichtung, eine redaktionelle Leitlinie. Parteizeitungen im alten Sinn gibt es nicht mehr, aber selbstverständlich versteht sich das eine Medium als eher konservativ, das andere eher als liberal. Wobei es eine große Fülle an Kombinationen gibt: Man kann wirtschaftsliberal-marktwirtschaftlich sein und gleichzeitig gesellschaftspolitisch konservativ oder aber liberal. Man kann eine sozialbetonte Politik vertreten und gleichzeitig gesellschaftspolitisch eher konservativ sein. Das wäre eine linkspopulistische Variante. Oder man kann sozial und gesellschaftspolitisch liberal sein, das wäre grün-alternativ. Und man kann national und sozial sein, das wäre die rechtspopulistische Richtung.

Viele Medien vertreten eine Mischung aus alldem, die Boulevardmedien eher die sozialnationale, die Qualitätszeitungen von konservativ bis liberal.

Und die meisten unterliegen bis zu einem gewissen Grad auch wirtschaftlichen Interessen, vor allem in Form abwandernder Anzeigenerlöse. Das bedeutet aber nicht unbedingt, dass sie »gesteuert« wären. Selbst die von Regierungs- und Stadt Wien-Inseraten gefütterten oder über Wasser gehaltenen Krawallzeitungen in Österreich sind nicht immer »verlässlich« in dem Sinn, dass sie reiche Inseratengaben mit unbedingter Loyalität belohnen. Manchmal wird auch die Hand gebissen, die einen füttert. Sei es, um zu zeigen, wozu man imstande wäre, sei es, wenn die Sache oder die Person des Gebers zu unpopulär wird.

Bei Qualitätsmedien gibt es diesen Konnex schon gar nicht. Erstens werden sie nicht reich durch Inserate der öffentlichen Hand verwöhnt, zweitens verbietet es ihnen der, jawohl, berufliche Ehrenkodex, sich auf solche Gegengeschäfte einzulassen. Qualitätsmedien haben eine Haltung.

Warum glauben trotzdem so viele Bürger an »gesteuerte« Medien? Auch solche, die man nicht unbedingt zur »lunatic fringe«, zum verrückten Rand der Verschwörungstheoretiker und Hassposter zählen würde?

Weil sie es glauben wollen. Weil sie keine andere Erklärung mehr dafür haben, dass ihre Welt ins Wanken geraten ist. Weil so viele Entwicklungen – Globalisierung, Zuwanderung,

Digitalisierung – die bisherigen Gewissheiten über ein Leben in materieller und kultureller Sicherheit, darauf, dass die Kinder es einmal besser haben werden, radikal infrage stellen. Anzuerkennen, dass es sich da um gesellschaftliche Prozesse handelt, die sozusagen von selbst, ohne die Manipulationen von dunklen Hintermännern, entstanden sind, fällt den meisten Menschen sehr schwer. »Da muss was ganz anderes dahinterstecken!« ist die Spontanreaktion. Es ist für viele gefühlt wahr, dass Angela Merkel aus irgendwelchen sinistren Gründen den deutschen Volkskörper durch die massenweise Hereinnahme von Muslimen unterminieren wollte. Dass ihre Handlungsweise a) einem echten Wunsch zu helfen, b) einfach einer momentanen Notwendigkeit zu improvisieren und c) einer echten Überzeugung des »Wir schaffen das« entspringen könnte, wird einfach nicht geglaubt. Sehr viele Menschen wollen an undurchsichtige Motive glauben, an eine »Steuerung« durch Bilderberger, Freimaurer, Illuminaten und was noch nicht alles – weil sie sich den Umbruch und die Verunsicherung ihrer Lage sonst nicht erklären können. »Der Hass (in den Internetmedien) kommt daher, dass es viele Fragen gibt, die von der Politik nicht beantwortet werden«, sagt Anne Brasseur von der »No Hate Speech«-Kampagne des Europarats.

Tatsächlich gibt es natürlich »Verschwörungen«. Die internationale Finanzelite hat alle Regeln gebrochen und ihren Einfluss geltend gemacht, nicht durch Regeln behindert zu werden, weil sie einfach immer mehr und unfassbar mehr Geld scheffeln wollte. Aber die meisten Großentwicklungen, wie etwa die Beschleunigung der Zuwanderung, sind nicht gesteuert, sondern eher die Folge von zu lange unbeachteten Entwicklungen.

## Der »Leader of the Free World« wurde zum obersten Hassposter

Der Journalismus hat etwas zu lange gebraucht, um bestimmte Entwicklungen zu erkennen, zu beschreiben und die Ursachen dafür zu suchen. Er war zu zögerlich dabei, das rechtzeitig zu sagen, was gesagt werden muss: dass die Globalisierung nicht nur Gewinner, sondern auch Verlierer kennt; dass der enorme Aufschwung in Ostasien, der in China ein Aufstieg aus blanker Armut zu einer breiten Mittelschicht war, auch Industriearbeitsplätze in Westeuropa und in den USA gekostet hat. Und der Journalismus an sich beginnt sich erst langsam mit der Möglichkeit auseinanderzusetzen, dass die neue industrielle Revolution, die Automatisierung und Digitalisierung ebenfalls qualifizierte Arbeitsplätze kosten wird. Nicht nur in der Industrie, sondern auch im Dienstleistungsgewerbe.

Damit sind wir bei neuen Entwicklungen, die den seriösen Journalismus weltweit bedrohen: einerseits die technische Revolution, die es jedem artikulationsfähigen Bürger – und damit ebenso jedem artikulationsfähigen Spinner – erlaubt, an den sogenannten »Mainstream-Medien« vorbei eine wild wuchernde Neben- und Gegenöffentlichkeit aufzubauen. In der aber meist nichts recherchiert, nichts überprüft, nichts nach berufsethischen Maßstäben behandelt – sondern einfach in die Welt hinausgeblasen wird. Verschwörungstheorien und Hasspostings vermehren sich exponentiell.

Und: Der mächtigste Politiker der Welt, der »Leader of the Free World«, der neue Präsident der USA, ist der oberste Hassposter geworden.

## Die Gegenöffentlichkeit auf Facebook & Co.

Der bekannte ORF-Journalist Armin Wolf hat in einem Vortrag bei den Medientagen München im Oktober 2016 die Problematik der neuen Mediensituation auf den Punkt gebracht: »Heute wissen sehr viele Menschen das, was sie über die Welt wissen, nicht mehr aus den Massenmedien, sondern aus den Sozialen

Medien, aus *social media*. Aus ihren Facebook- und Twitter-Feeds und aus einer unüberseh- baren Vielzahl von Blogs und Websites, die oft aussehen wie das, was wir herkömmlich unter Medien verstehen, die aber doch etwas völlig anderes sind.«

»Pressefreiheit ist die Freiheit von 200 rei- chen Leuten, ihre Meinung zu verbreiten«, habe der Journalist Paul Sethe 1965 geschrieben.

»Und kein Satz könnte heute falscher sein«, meint Armin Wolf: »Heute ist Pressefreiheit die Freiheit von über drei Milliarden Menschen mit Online-Zugang, ihre Meinung ins Netz zu stel- len. Früher mussten Sie, um gehört zu werden, in ein professionelles Medium kommen oder – was sehr schwierig und vor allem sehr teuer war – ein eigenes Medium gründen. Heute können Sie aus ihrem Wohnzimmer einen YouTube-Kanal betreiben, eine technisch ein- wandfreie Live-Übertragung oder einen Podcast senden, eine Website vollschreiben und ein Dutzend Social Media-Kanäle bespielen.«

So ist es. Nur wenige wagen es aber, das laut zu sagen, was dazu laut und klar gesagt werden müsste: Ein sehr großer, vielleicht der größte Teil dieser schönen neuen Medienwelt besteht aus absolutem Quatsch und Schlimme- rem. Aus »Hate & Fake-News«, ja, aus »Freak- News«, aus Verschwörungstheorien, Halbwahr- heiten und unsubstantiierten Meinungsäußerungen. Und der größte Anteil an diesen Pseudo-News wird begeistert von den extremen Bewegungen und Parteien, mehr den rechts- als den linksextremen, aufgegriffen und für ihre Zwecke verwendet.

Das ist die neue »Wahrheit«. Und Trump ist ihr Prophet.

Bei allen Sünden der traditionellen Medien sind diese bizarren bis hassgesteuerten »Alternativ-Medien« eine viel größere Gefahr für die Demokratie.

In einem Interview mit dem *Standard* zu seinem 90. Geburtstag sagte die österreichische Journalistenlegende Hugo Portisch: »Trumps Angriffe auf Medien sind Berechnung und nicht nur ein Temperamentsausbruch. Er weiß selbstverständlich, dass die US-Medien ihm gegenüber kritisch sind. Das möchte er am liebsten ausschalten. Er brüllt es nieder. Und seine Anhänger mit ihm, wenn von Fake-News die Rede ist. Lügenpresse ist aber auch ein Slogan der europäischen Populisten. Das zieht immer wieder. Bei uns ist das leider nicht viel anders als in Amerika.«

Präsident Donald Trump ist die Verkörperung einer extrem gefährlichen Entwicklung im Verhältnis Öffentlichkeit und Demokratie. Es ist nicht irgendein Drittweltpotentat oder ein autoritärer Führer à la Putin oder Erdoğan, der die seriösen, kritischen Qualitätsmedien delegitimieren und letztlich vernichten möchte, sondern der Chef der größten und wichtigsten Demokratie der Welt.

Er bedient sich dabei der neuen technologisch-inhaltlichen Phänomene wie der sogenannten »social media«, um an den sogenannten »Mainstream-Medien« vorbei ein sehr großes Publikum zu erreichen.

Tatsächlich nannte Trump in seinen Tweets die *New York Times* und die *Washington Post* regelmäßig nur die »failing« (zugrundegehende) NYT oder WP, ganz besonders wütend aber dann, wenn diese beiden Säulen des US-Qualitätsjournalismus die zweifelhaften Kontakte seiner Mitarbeiter zu russischen Geheimdienstlern aufgedeckt hatten. Und er nennt sie in dreister Umkehrung eines Vorwurfs gegen ihn selbst und seine zahllosen Lügen und Falschbehauptungen die »fake news media«.

Die »Leistung« und die Bedeutung von Trump: Er hat das Unkontrollierbare – die zigtausenden Blogs, Websites, Twitter- und Facebook-Accounts, die Internetforen, die Postings, die Verschwörungstheorie-Plattformen, die Zehntausenden YouTube-Filmchen – ins Establishment eingemeindet. Was gibt es Dramatischeres, als wenn der »Führer der freien Welt«, als die die US-Präsidenten bisher immer bezeichnet wurden, das Chaos der »social media« zu seinem Regierungsprinzip macht?

Trump hat Steve Bannon, den Chef eines rechtsextremistischen »Alternativmediums«, nämlich der *Breitbart News*, selbst ein klassisches Fake-News-Outlet, zu seinem Chefberater gemacht. Bannon ist ein Apokalyptiker, der überzeugt ist, dass die USA binnen zehn Jahren in Kriege mit dem Iran und China verwickelt sein werden, vorher aber noch das »liberale Establishment« in die Luft sprengen möchte.

## Das Zeitalter der Fakten ist nicht vorbei

»Das Zeitalter der Fakten ist vorbei«, schreibt die liberale *Zeit*. Nicht nur Trump, sondern auch die europäischen Rechts- (und Links)populisten kommen damit durch, absolut unwahre und auch unsinnige Behauptungen in die Welt zu setzen. Dass Trump mindestens immer wieder, darunter vor einem Publikum aus CIA-Mitarbeitern, objektiv falsch behauptet, die Menschenmenge bei seiner Amtseinführung sei größer und nicht kleiner gewesen als bei Obama; dass er sogar darauf besteht, es habe zu regnen aufgehört und die Sonne sei durchgebrochen – das mag man unter persönliche narzisstische Kränkung einordnen.

Man kann es aber auch als politisches Machtinstrument sehen: »Man kann davon ausgehen: Trump weiß, dass er lügt; seine Leute wissen auch, dass sie lügen; und die Medien, die über die Sache berichten, wissen es sowieso.« So beschreibt es der deutsche Politologe und Populismusexperte Jan-Werner Müller in einem Gastkommentar in der NZZ. Aber daraus ist ein äußerst beunruhigender Schluss zu ziehen: »Dann wird die Wiederholung einer Lüge von Trump-Untergebenen zum Loyalitätsbeweis – und zur Machtdemonstration des Präsidenten… Trump kann Menschen dazu bringen, die Unwahrheit zu sagen, und es ist entscheidend…, dass alle wissen, dass es die Unwahrheit ist.«

Woran erinnert das historisch-politisch-literarische Menschen? Zunächst an die Herrschaft der Lüge im kommunistischen Sowjetreich. Jeder wusste, dass es kein »Arbeiterparadies« war und dass alle Statistiken über triumphale Erfolge an der »Produktionsfront« Lügen waren. Aber den sowjetischen Herrschern gelang es – über Jahrzehnte –, das Volk und viele ahnungslose ausländische Sympathisanten dazu zu bringen, die Lüge zu akzeptieren.

Das ist das ultimative Herrschaftsinstrument. Literarisch und philosophisch hat sich das in George Orwells genialem Werk *1984* (geschrieben 1946–1948) verdichtet. »Krieg bedeutet Frieden«, »Freiheit ist Sklaverei« und vor allem: »Unwissenheit ist Stärke«, das sind die Slogans der absoluten, totalitären Herrschaft.

Bevor wir in Depression und Visionen einer totalitären Welt versinken: Die Gegenbewegung hat schon begonnen. Gerade dieser Frontalangriff gibt den klassischen amerikanischen Qualitätsmedien wieder Auftrieb. Die NYT und die WP, CNN und NBC verzeichnen neue Abonennten- und Zuseherrekorde. Und sie setzen in ihren Werbeauftritten auf die alte Kompetenz gegen die neue Unverlässlichkeit und Faktenverdrehung: »News you need to know, reported from the trusted source«, sagt die *Washington Post* – und »Democracy dies in Darkness«; »Read something, that means something«, das angesehene Magazin *The New Yorker* und die *New York Times* verwenden das Schlüsselwort: »Truth is grounded in facts« und »The truth is under attack«.

Facebook, das als Verbreitungsmedium für die wildesten Verschwörungstheorien und Hasspostings dient, arbeitet nach anfänglichen Leugnungsversuchen an einem allerdings nur rudimentären Überprüfungstool für Falschmeldungen. Eine Herkulesaufgabe: Im US-Wahlkampf hatten sich Fake News und Verschwörungstheorien von fingierten Websites häufiger (rund neun Millionen Mal) weiterverbreitet als die Meldungen seriöser Medien-Websites (acht Millionen Mal). Facebook wird zunehmend gerne von Populisten als »Alternativ-Medium« genutzt – Straches Facebook-

Account hatte vor einem Jahr etwa 250.000 Fans, jetzt sind es schon fast 500.000. Mal sehen, wie Facebook es schafft, die Falschmeldungen durch Zusammenarbeit mit einem Recherchezentrum einzubremsen.

Überdies gibt es kleinere Initiativen und Plattformen, die es sich zur Aufgabe gemacht haben, die Luft aus Fake News und Verschwörungstheorien herauszulassen: Hoaxmap.org oder mimikama.at.

Generell sollte sich der seriöse Journalismus nicht von den ziemlich massiven Attacken auf die eigenen Existenzgrundlagen – Glaubwürdigkeit, Autorität – einschüchtern lassen. Sondern er sollte offensiv und selbstbewusst die eigene Funktion und deren Notwendigkeit betonen: Gerade im Informationschaos bedarf es sogenannter »Gatekeeper«. Es bedarf qualifizierter und ethisch gefestigter Spezialisten, die das Wichtige vom Unwichtigen, das vielleicht populäre Falsche vom unpopulär Richtigen trennen können, die hinterfragen und gegenchecken. In den Zeiten herumfliegender Fake News und Desinformation geht es um Gewichten, Verifizieren, die Dinge in einen Erklärungsrahmen setzen.

So werden die journalistischen Torwächter durch die Tatsache, dass man sie heute x-fach umgehen kann, paradoxerweise immer wichtiger. Sie müssten sich nur dazu entschließen, aus der Defensive herauskommen zu wollen. Selbst wenn man die Verschwörungstheoretiker in ihrer hermetisch abgeschlossenen Wahnwelt nicht mehr erreicht – es gibt noch genügend Verunsicherte und intelligente Zweifler, denen man rationale Argumente und Fakten bieten kann (und muss). Der österreichische Kommunikationsexperte Walter Ötsch meint zusätzlich: »Mit sachlichen Argumenten kommt man gegen derartiges Verschwörungsdenken nicht an.« Denn selbst die Tatsache, dass es keine Beweise für eine Verschwörung gibt, wird ja erst recht als Beweis für die Superverschwörung gewertet. Da hilft laut Ötsch nur eines: Auf die sogenannte Meta-Ebene gehen. Die Verschwörungstheorie als solche zu benennen. Keine Widerlegung versuchen. Nur klar sagen: Das ist eine Verschwörungstheorie und zwar eine lächerliche.

# 5.

# DIE ZWEIKLASSENGESELLSCHAFT – WER AUCH IN SCHWIERIGEN ZEITEN PRIVILEGIEN HAT

Österreich gehört zu den Ländern mit der gleichmäßigsten Einkommensverteilung. Sollte man nicht glauben, wenn man sich die Daten der Statistik Austria ansieht. Aber es ist so, und warum das so ist, wird näher ausgeführt werden müssen. Vorläufig nur so viel: Dieses hohe Maß an Gleichheit, mit dem wir ganz oben in der Bestenliste neben den Skandinaviern liegen, kommt überwiegend durch den Sozialstaat zustande. Der gleicht durch sogenannte Transferleistungen (wie etwa Kindergeld) die Einkommensunterschiede bedeutend aus.

Vor diesem Akt der Umverteilung (denn die Sozialleistungen müssen ja von irgendwoher kommen) sind die Einkommensunterschiede recht beträchtlich, vor allem zwischen den großen Gruppen der Angestellten, der Arbeiter und der Beamten bzw. Vertragsbediensteten im Öffentlichen Dienst. Und zwischen Männern und Frauen.

Aber, wie gesagt, der Sozialstaat macht das wieder ziemlich gleich. Allerdings, da gibt es noch eine österreichische Besonderheit: Alle (na gut, nicht alle, aber viele) sind gleich, aber einige sind gleicher. Und zwar innerhalb derselben Qualifikationsgruppe. Nicht so sehr zwischen »reich« und »arm«, sondern zwischen »geschütztem Sektor« und »ungeschütztem Sektor«.

Nur ein einziges Beispiel: Ein paar Tausend pensionierte Mitarbeiter der Wiener Gebietskrankenkasse bekommen eine Betriebspension von durchschnittlich 18.700 Euro pro Jahr. Zusätzlich zur ASVG-Pension, mit der andere in ähnlichen Bereichen auskommen müssen.

## Begünstigung im staatsnahen, gewerkschafts-starken, durchpolitisierten, geschützten Bereich

Über derlei darf nicht oder nur sehr wenig gesprochen werden, denn es liegt eine klare Begünstigung von Beschäftigten im staatsnahen, gewerkschaftsstarken, durchpolitisierten, »geschützten« Bereich vor. Der nette öffentliche oder halböffentliche Arbeitgeber gewährt einer nicht so kleinen Zahl von Privilegierten kuschelige Verhältnisse, die andere in ungefähr denselben Qualifikationsgruppen nicht haben.

Vor allem muss darüber vor dem Hintergrund der Entwicklungen in der Arbeitswelt überhaupt gesprochen werden:

1) Die Arbeitslosigkeit ist hoch und wird bis 2018 auf 9,5 Prozent steigen. Arbeitslos werden aber fast nur Menschen im ungeschützten oder exponierten Sektor.

2) Teilzeitarbeit wird immer häufiger und wächst viel schneller als Vollzeitarbeit. Nämlich um rund 50 Prozent auf 846.000 ganzjährig beschäftigte Teilzeitkräfte. Teilzeit ist sehr oft von den Betroffenen selbst gewünscht, vor allem von Frauen, aber sie wirkt sich auf die Pension aus und spielt sich ebenfalls überwiegend im ungeschützten Sektor ab.

3) Der enorme Anstieg der Teilzeitkräfte drückt statistisch die Reallöhne, weil eben ein größerer Teil der Menschen weniger verdient.

Bevor wir in dieses Thema tiefer einsteigen, noch einmal zurück zu den *fundamentals*: Wie gleich oder ungleich sind Einkommen in Österreich?

Bitte um Nachsicht, wenn jetzt ein Schneesturm an Zahlen folgt, aber die Ergebnisse sind recht interessant. Laut Statistik Austria erreichten 2015 die rund vier Millionen unselbstständig Erwerbstätigen (ohne Lehrlinge) ein mittleres Bruttojahreseinkommen von 26.678 Euro. Die Einkommen der Frauen waren mit 20.334 Euro im Mittel nur 61,6 Prozent des Einkommens der Männer (33.012 Euro), was hauptsächlich daran liegt, dass Frauen viel häufiger teilzeitbeschäftigt sind.

Bei diesen »mittleren Einkommen« handelt es sich um den sogenannten Median. Das ist jener Wert, bei dem die eine Hälfte genau darüber, die andere genau darunter liegt. Er wird inzwischen allgemein als aussagekräftiger als das arithmetische Mittel angesehen.

Wenn man die Teilzeit ausklammert, sieht es doch um einiges besser aus: Dann beträgt das Medianbruttojahreseinkommen der in Vollzeit arbeitenden Frauen 35.023 Euro, während Männer im Mittel 42.364 Euro verdienten. Der relative Einkommensanteil der Frauen am mittleren Einkommen der Männer stieg bei dieser Betrachtungsweise auf 82 Prozent.

Innerhalb der einzelnen Beschäftigungsgruppen sieht es so aus: Das Medianeinkommen 2015 bei Arbeitern betrug 19.215 Euro, bei Angestellten 33.396 Euro, bei Vertragsbediensteten 32.496 Euro und bei Beamten 53.747 Euro.

Polemisch formuliert, kann man also nicht (mehr) davon sprechen, dass der Beamte »nix, aber das fix« hat, wie es früher hieß. Die Statistik Austria merkt dazu an, dass man strukturelle Gegebenheiten berücksichtigen müsse. Beamte und Beamtinnen seien deutlich älter, weisen ein höheres Ausbildungsniveau auf und sind kaum in Teilzeit beschäftigt. Dafür genießen sie allerdings eine ganze Reihe von anderen *Goodies* innerhalb der Zweiklassengesellschaft, von denen noch zu sprechen sein wird.

## Nur ganz oben wird in der Privatwirtschaft besser gezahlt als in der Bürokratie

Nur bei den absoluten Topverdienern hat die Privatwirtschaft einen Vorsprung vor der Hochbürokratie: »Betrachtet man die Bestverdienenden (oberstes Dezil = die obersten zehn Prozent), so lagen die männlichen Angestellten mit 92.729 Euro vor den männlichen Beamten mit 90.369 Euro, deutlich darunter blieben die bestverdienenden Beamtinnen mit 77.201 Euro.

Also: ganz schön große Unterschiede – etwa zwischen Arbeiterinnen und Beamtinnen.

Bei den Pensionen ist es übrigens ganz ähnlich. Der Medianwert liegt für männliche und weibliche Beamte nahezu gleich bei rund 2.600 bzw. 2.700 Euro monatlich (Stand: Dezember 2015). Bei den ASVG-Pensionisten liegt der Median der Alterspensionen bei 1.840 Euro für Männer und 900 Euro für Frauen (2015). Bei den gewerblichen Pensionisten waren es knapp 1.000 Euro.

Aber wir haben doch von der großen Einkommensgleichheit in Österreich gesprochen? Wie passt das zusammen? Da müssen wir wieder etwas ins Technische einsteigen: Das Maß der Ungleichheit wird an dem sogenannten Gini-Koeffizienten gemessen, der Werte zwischen Null (totale Gleichheit) und 1 (totale Ungleichheit) annimmt. Betrachtet man nur die Einkommen, hat Österreich einen Gini-Koeffizienten von 0,48, was ziemliche Ungleichheit bedeutet. Nimmt man aber die staatlichen Transferleistungen dazu, so sinkt der »Gini« auf 0,28 (Stand 2014). »Kapitalistische« Länder wie Großbritannien oder USA mit geringen Sozialleistungen haben weit höhere »Ginis« (0,38 bzw. 0,46).

## Die gleichmäßige Einkommensverteilung erzeugt der Staat durch massive Umverteilung

Der Staat gleicht in Österreich also stark aus. Und zwar mit einem Großteil der inzwischen auf 100 Milliarden angestiegenen Sozialleistungen. Wobei sich das jeweils immer auf Haushalte, nicht auf Einzelpersonen bezieht, weil ja die diversen Sozialleistungen auf mehrere Personen im Haushalt verteilt sind.

Aber innerhalb dieser schönen Gleichmäßigkeit, die sicher auch stark zum sozialen Frieden in Österreich beiträgt, gibt es viele unverständliche, unzeitgemäße, irritierende Ungleichheiten.

In George Orwells *Animal Farm*, einer Satire auf den »real existierenden Sozialismus«, sind »alle Tiere gleich, aber einige sind gleicher«.

Das betrifft besonders die Pensionen und hier die Doppelpensionen, die vor allem Mitarbeiter im staatsnahen Bereich beziehen – also ASVG-Pension plus einer Betriebspension vom Dienstgeber. Der Rechnungshof hat diese zusätzlichen Pensionsleistungen in der »Öffentlichen Wirtschaft« in einem dicken Berichtsband aufgelistet: 2014 haben 25.420 Personen in 400 Betrieben oder Institutionen solche Doppelpensionen im Gesamtausmaß von 538,65 Millionen Euro erhalten. Das sind aber nur die vom Rechnungshof geprüften Betriebe. Körperschaften wie die Gemeinde Wien sind da nicht erfasst.

Warum beziehen etwa Mitarbeiter des ORF, der diversen Elektrizitätsversorger, der Sozialbürokratie, anderer halböffentlicher Unternehmen die besagten Zusatzpensionen in Höhen zwischen 1.500 und 1.700 Euro monatlich (im Durchschnitt)? Warum müssen die Strom- und Gaskunden der Steweag, der Kelag und der Wien Energie das über die Energiepreise mitfinanzieren? Haben die Krankenkassen so viel Geld übrig, dass sie ihren Pensionisten diese Extraleistungen bieten können?

Und warum ignorieren die Sozialbürokraten die Sparempfehlungen des Rechnungshofes? Der Hauptverband der Sozialversicherungen wich in seiner 2014 durchgeführten Reform der

Dienstordnung »wesentlich von den Empfehlungen des RH ab« (RH-Bericht 2016/1). Das Ergebnis: Die Neuordnung begünstigte weiterhin die beliebten Frühpensionen, da Verluste bei ASVG-Pensionen einfach durch Erhöhungen der Zusatzpensionen ausgeglichen wurden.

Motto: Mit uns nicht, lieber Rechnungshof!

Warum bekamen (Stand 2013) 4.242 Pensionisten der Pensionsversicherungsanstalt rund 17.700 Euro Zusatzpension? Oder: Aus der Arbeiterkammer kommen immer wieder Forderungen, die auf höhere Steuern für Einzelunternehmer, für den Mittelstand, für halbwegs Wohlhabende hinauslaufen. Erleichterungen für kleine Selbstständige, wie etwa der Gewinnfreibetrag (als Äquivalent für die steuerbegünstigten 13. und 14. Gehälter) werden von der AK immer wieder erfolgreich bekämpft. Immer unter dem Titel »Verteilungsgerechtigkeit«. Wie »verteilungsgerecht« ist es, dass die Mitarbeiter der AK im Durchschnitt rund 16.000 Euro Zusatzpension erhalten?

Die Antwort ist sozusagen historisch: weil Österreich einen sehr hohen Anteil an »Öffentlicher Wirtschaft« hatte und hat; weil dort starke Gewerkschaften, die gut in der Politik vernetzt sind, diese Pensionsparadiese geschaffen haben. Die Frage ist, wie »verteilungsgerecht« das heute im Zeitalter der prekären Arbeitsverhältnisse noch ist.

## Wie »verteilungsgerecht« sind Doppelpensionen im staatsnahen Bereich?

Das hat nichts mit dem Gegensatz zwischen Reich und Arm zu tun, sondern ist eine »horizontale« Verteilungsungerechtigkeit innerhalb einer vergleichbaren sozialen (Mittel-)Schicht. Zugegebenermaßen sind diese Privilegien im (langsamen) Abbau begriffen. Aber es gibt noch genug Pensionisten nach dem »alten System«, die sich übrigens auch vor Gericht gegen Kürzungen (Nationalbank) wehren. In der Verhandlung vor dem Verfassungsgerichtshof im September 2016 wurden atemberaubende Zahlen genannt:

57 OeNB-Pensionisten beziehen demnach Pensionen, die dreifach höher sind als die ASVG-Höchstbemessungsgrundlage, also 13.950 Euro monatlich. Die höchste Pension macht 34.495,01 Euro monatlich aus. Die Durchschnittspension in dieser Gruppe liegt bei 17.507,33 Euro.

Die Nationalbank ist insofern ein Sonderfall, als sie ihr eigenes Pensionssystem hat. Aber bei den erwähnten Beziehern von Doppelpensionen im staatsnahen Bereich handelt es sich überwiegend um normale ASVG-Beschäftigte, nicht um Beamte. Beamte haben ja zusätzliche Privilegien. Sie zahlen zwar den Pensionssicherungsbeitrag. Sie dürfen aber in der Frühpension ohne Abschläge unbegrenzt dazuverdienen.

Sie gehen auch massenweise in Frühpension: Laut Rechnungshof (2015/02) gingen 2011 nur ein Prozent der Frauen und drei Prozent der Männer in die reguläre Alterspension ab 65 Jahren. In der Privatwirtschaft arbeiten immerhin 16 Prozent der Männer und 42 Prozent der Frauen bis zum gesetzlichen Antrittsalter. Die »Hacklerpension« (abschlagsfreie Frühpension aufgrund langer Beitragszeiten) wird von Beamten zu 56 Prozent, in der Privatwirtschaft zu 27 (Männer) und 24 Prozent (Frauen) beansprucht.

Diese Hacklerpension wurde übrigens nicht überwiegend von Schwerarbeitern genutzt, sondern vor allem von öffentlich Bediensteten. Drei Viertel der Landeslehrer, die zwischen 2008 und 2013 in Pension gingen, nutzten sie.

Besonders extrem ist es in Wien. 2014 betrug das durchschnittliche Antrittsalter bei vorzeitigem Ruhestand der Wiener Gemeindebediensteten laut dem ÖVP-Landtagsabgeordneten Wolfgang Ulm schöne 54,54 Jahre.

Bei der Gemeinde Wien geht laut Kontrollamt jeder zweite Beamte in Frühpension, bei den Stadtwerken 59,6 Prozent. Weder Wien noch Kärnten haben Pensionsreformen wie in den anderen Bundesländern durchgeführt.

## Die vielen netten Goodies

Dienstunfähigkeit ist der große Hit in bestimmten Bereichen des öffentlichen Dienstes. Bei den ÖBB erfolgten laut Rechnungshof (2015/04) 2011 und 2012 volle 90 Prozent der Ruhestandsversetzungen krankheitsbedingt. 2002 bis 2013 belief sich das Pensionsantrittsalter der Bundesbahnbeamten auf 52,5 Jahre. Ähnlich bei der Post: Nur 0,5 Prozent der Bediensteten von Post, Telekom und Postbus gehen mit gesetzlichem Pensionsalter in den Ruhestand. Im Schnitt mit 55,8 Jahren (ASVG: 58,9 Jahre). Der Rechnungshof kritisierte, dass die bis 1995 eingestellten Pensionisten höhere Pensionsbezüge erhielten als Bundesbeamte.

Ein weiteres Beispiel: 162.000 »echte« Beamte, davon allein 82.000 bei der Gemeinde Wien, sind in sogenannten »Krankenfürsorgeanstalten« (KFA) versichert. Sie erhalten, je nach Bundesland, wesentlich bessere Konditionen wie etwa geringere Kostenbeteiligungen oder eine automatische Sonderklasse im Spital.

Oder: Der Selbstbehalt beim Arztbesuch wurde in der Beamtenversicherung auf zehn Prozent halbiert, weil die Versicherung solche Überschüsse hat. ASVG-Versicherte haben zwar keinen Selbstbehalt (Selbstständige hingegen haben 20 Prozent), aber Besserverdienende gehen immer häufiger zum Wahlarzt und zahlen Honorar, weil sie die Wartezeiten nicht in Kauf nehmen wollen. Jedenfalls werden von der Halbierung des Selbstbehalts bei den Beamten rund 800.000 Anspruchsberechtigte profitieren – sowohl Beamte als auch die sogenannten neuen Vertragsbediensteten und deren mitversicherte Angehörige. Kinder bis zum 27. Lebensjahr zahlen keinen Selbstbehalt. Die Halbierung des Selbstbehaltes wird die Versicherungsanstalt öffentlich Bediensteter (BVA) rund 35 Millionen Euro jährlich kosten.

Oder: Vor dem Höchstgericht fochten einige Postbeamte die Regelung durch, dass die Mittagspause künftig als bezahlte Teilzeit zu gelten habe.

Oder: Der Bank Austria gelang es, dem staatlichen Pensionssystem ihr teures Zusatzpensionssystem (wenn auch etwas geschmälert) umzuhängen.

Oder der Amtsleiter der Gemeinde Axams, der gleichzeitig auch Bauamtsleiter war und ab dem Jahr 2000 ein Guthaben von 2.021 Stunden Resturlaub und 5.844 Stunden Arbeitszeitguthaben angehäuft hatte, gemeinsam mehr als vier Jahre Arbeitszeit. Und dem man zugestanden hatte, dass die nicht verfallen, sondern angespart werden dürfen. Ergebnis: Der Mann wurde schon Jahre vor Pensionsantritt freigestellt.

Genug.

Das hier ist kein Beamtenbashing. Nur ein mit Beispielen abgesicherter Hinweis, dass sich in Österreich der geschützte und der ungeschützte Sektor ziemlich auseinanderentwickelt haben. Das beginnt bei der faktischen Unkündbarkeit und setzt sich fort bei drastischen Unterschieden während krisenbedingter Entwicklungen. Es gab Kurzarbeit in vielen Industriebetrieben während der Krise, Gehaltskürzungen bei der AUA (oder auch in der Medienbranche – da bis 25 Prozent). Keine Rede davon im staatsnahen Bereich.

Diese Zweiteilung in geschützten und ungeschützten Sektor lässt auch die Debatte über Ungleichheit bei den Vermögen in einem anderen Licht erscheinen. Zwar sind die Vermögen – im Gegensatz zu den Einkommen – in Österreich tatsächlich stark ungleich verteilt. Aber bevor man nach Erbschaftssteuer und Vermögens(substanz)steuer schreit, wie es zum Beispiel die Autoren des neuen offiziellen »Sozialberichts« des Sozialministeriums tun, sollte man sich die Lage etwas genauer ansehen. Ein Großteil des Vermögens machen Wohnimmobilien aus, und die Zahl der Besitzer derselben ist um einiges geringer als die Zahl der zur (Sozial-)Miete Wohnenden. Und schon sind die Vermögen ungleich verteilt. Dazu kommt, dass in die Vermögensbilanz sehr wohl privat angesparte Pensionen und andere Alterssicherungen (wie etwa Wertpapiere) eingerechnet werden – nicht aber die zum Teil recht substanziellen Ansprüche aus dem staatlichen Pensionssystem. Wer sich auf die staatliche Alterssicherung verlässt, muss kein Vermögen ansammeln – auch eine besondere Art der »Verteilungsgerechtigkeit«.

In schwierigeren Zeiten muss man sicher auf eine gerechtere Verteilung achten. Aber man muss auch dort darüber reden, wo nicht so gerne darüber geredet wird. Nämlich bei den Privilegierten des geschützten Sektors.

# 6.

## DER NEUE KRIEG GEGEN DIE FRAUEN

### Das Internet – Zentrale des Frauenhasses

Es ist schon ein Hass-Klassiker: Wann immer sich Frauen, seien es Journalistinnen oder weibliche Mitglieder der Zivilgesellschaft, für Flüchtlinge einsetzen, rasten die Anonymos im Netz aus. Den Frauen wird Vergewaltigung durch eine Horde von notgeilen Afghanen oder Marokkanern an den Hals gewünscht. Manche Facebook-Accounts von rechtspopulistischen Politikern lassen sich dann recht lange Zeit, ehe sie diese Einträge löschen.

Die Grünen-Chefin Eva Glawischnig wurde auf Facebook als »ungläubige Nazidrecksfotze« beschimpft. Erstreaktion von Facebook: Das widerspreche nicht den Gemeinschaftsstandards. Später besann man sich dann.

Im Sommer 2016 wurde es mit den Angriffen auf Frauen, die in der Öffentlichkeit stehen, so arg, dass vier bekannte Journalistinnen beschlossen, diese Hassorgien, über die man bis dahin meist peinlich hinweggeschwiegen hatte, zu thematisieren.

Ingrid Thurnher, damals Moderatorin der ORF-Diskussionssendung »Im Zentrum«, jetzt Chefredakteurin von ORF III, Corinna Milborn von Puls 4, die freie Journalistin Barbara Kaufmann und Hanna Herbst vom Online-Magazin *Vice* berichteten in einer Titelgeschichte in der Wiener Wochenzeitung *Falter* von ihren Erfahrungen mit sexistischen Beschimpfungen, Vergewaltigungs- und Morddrohungen im Netz. Sie wollten damit bekannt machen, was Frauen in der Öffentlichkeit nicht neu ist, worüber diese aber meist nichts sagen wollen. Weil sie nicht noch mehr Hasspostings und -mails auslösen wollen und weil unweigerlich in Teilen der konservativen Männergesellschaft die Reaktion ausgelöst wird: Habt euch nicht so, oder: Kein Wunder, ihr habt das durch euer unweibliches Verhalten ja nur provoziert.

Die daraufhin entstandene Aktion »#solidaritystorm: Wir stehen hinter euch!« erlangte einige Unterstützung durch die offizielle Politik, durch rund 15.000 Unterzeichner. Die Medien *profil* und *Kurier* machten mit. Inzwischen gibt es auch neue Hass-im-Netz-Straftatbestände.

Ist der Frauenhass im Internet eine Erscheinung, die immer schon da war und nur jetzt eben sichtbarer wird, weil fast jeder nun die technische Möglichkeit hat, wüst vor sich hin zu posten?

## Ein systematisches Rollback der Frauenrechte im Zeichen der Macho-Politiker

Mag sein, aber gleichzeitig gibt es beunruhigende Zeichen, dass in der großen Politik ein Paradigmenwechsel stattfindet. Dass systemisch und systematisch an einer Zurückdrängung der Frauenfreiheit gearbeitet wird.

Da ist zunächst Donald Trump. Der »grab-them-by-the-pussy«-Präsident, der sich früher so gerne bei Misswahlen herumtrieb und alle paar Jahre ein Model als Trophäenfrau nach Hause brachte. Der aber die aktuelle Gattin Melania beim Auto stehen lässt, wenn er das scheidende Präsidentenpaar Barack und Michelle Obama auf den Stufen des Kapitols begrüßt. Und der Melania bei der Vereidigung etwas hinblafft, sodass ihr – sichtbar auf Millionen TV-Schirmen – das Lächeln schlagartig zu einer Leichenbittermiene gefriert.

Trump ist all das, was die erzkonservative, christliche Basis der Republikanischen Partei hasst – hassen müsste. Aber er gibt den Reaktionären, was sie wollen, sodass sie über seine persönliche Sündenanfälligkeit hinwegsehen. Er gibt ihnen ein Rollback der Errungenschaften moderner Sexualpolitik. Der amerikanischen »Planned Parenthood«-Organisation, ein Netzwerk von über 600 Beratungsstellen und Abtreibungskliniken, werden die

Gelder gestrichen. Das trifft vor allem ärmere Frauen.

Aber der Feldzug beschränkt sich nicht nur auf die heimische Szene. Als eine seiner ersten Taten hat Trump wieder eine Bestimmung in Kraft gesetzt, mit denen internationalen Frauenberatungsorganisationen bei Strafe des Subventionsentzugs untersagt wird, die Möglichkeit einer Abtreibung auch nur zu erwähnen. Außerdem wird der Zugang zu bezahlbaren Verhütungsmitteln erschwert. Obama hatte die Maßnahme zuvor ausgesetzt. Betroffen sind vor allem Frauen in der Dritten Welt.

Nach einem Bericht der *New York Times* will Trump auch per Dekret verfügen, UN-Organisationen die Mittel zu entziehen, wenn sie Abtreibung oder Sterilisation als Möglichkeit erwähnen.

Die Anti-Abtreibungs-Bewegung in den USA feierte ihre Auferstehung mit einem »Marsch des Lebens« in Washington. Vizepräsident Mike Pence rief der Menge zu: »Leben gewinnt wieder in Amerika!« Selbstbestimmung der Frauen verliert, lautet der Umkehrschluss. Wobei Pence der wahre harte Konservative in dieser Sache ist. Trump lässt ihn gewähren, weil er so die »religiöse Rechte« bei der Stange hält.

Auf der anderen Seite des Erdballs sorgt ein anderer Macho-Politiker dafür, dass die gute alte russische Tradition des Frauenverprügelns nicht mehr so bitterernst genommen wird. Wladimir Putin prahlt zwar nicht mit seinen jüngeren Frauen wie Trump, aber er inszeniert sich als Superman mit nacktem Oberkörper zu Pferd. Von seiner Ehefrau hat er sich vor einigen Jahren im Frieden scheiden lassen. Für russische Ehemänner, die das nicht so handhaben wollen, hat das russische Parlament eine Erleichterung beschlossen: Häusliche Gewalt wird nur noch als Ordnungswidrigkeit mit einer Geldstrafe geahndet, es sei denn, es ist ein Wiederholungsfall oder es werden Knochen gebrochen.

Und schließlich hat sich auch in Europa etwas getan: In der Silvesternacht 2016 lernte die fortschrittliche Öffentlichkeit, dass es in arabischen Ländern etwas gibt, das »Taharrush« heißt, nämlich die gemeinsame sexuelle Belästigung bis Vergewaltigung von Frauen durch Männergruppen. Und dass dieser »Taharrush« zu uns gekommen ist. Hunderte Frauen wurden am Kölner Domplatz eingekesselt und in ihrer sexuellen Integrität verletzt. Das Phänomen ist im arabischen Kulturkreis seit Langem bekannt, während der berühmten Demonstrationen am Tahrir-Platz in Kairo kam es massenweise zu solchen Übergriffen auf junge Frauen, die nicht nur für die Freiheit an sich, sondern auch für ihre persönliche Befreiung auf die Straße gegangen waren.

Man kann es kaum härter formulieren als die österreichische Illustratorin Bianca Tschaikner:

»Ich weiß aus eigener Erfahrung, dass sexuelle Belästigung in muslimisch-patriarchalischen Gesellschaften leider an der Tagesordnung ist. Die Respektlosigkeit, der man tagtäglich ausgesetzt ist, die Art, wie man zum Objekt degradiert wird, sobald man das Haus verlässt, kann man sich nicht vorstellen, wenn man es nicht selbst erlebt hat ... das Leben als Frau unterscheidet sich von dem unseren auf eine Art, die sich jemand, der mit dieser Kultur nicht in Kontakt kommt, kaum vorstellen kann. Nur dieses Unwissen kann mir die beschwichtigende Naivität, mit der einem Phänomen wie Köln bei uns begegnet wird, erklären.«

Hasspostings gegen Frauen, Trump, Putin, die muslemischen Täter in Europa – kann man von einem Backlash gegen den Feminismus, gegen die freie, auch sexuell freie Lebensgestaltung der Frauen sprechen? Man kann nicht nur, man muss.

Das passt zur allgemeinen Entwicklung in vielen Ländern: Der Rückbau der Frauenrechte findet teilweise in rasantem Tempo statt. Zum Beispiel in der Türkei, die auf dem Weg zu einem modernen Staat war, lautet die offizielle Ideologie des autoritären Präsidenten Recep Tayyip Erdoğan nunmehr: Jede türkische Frau muss mindestens drei Kinder haben. Und Türkinnen in Europa sogar fünf. Die Kopftuchträgerinnen haben auch in einer Weltstadt wie Istanbul dramatisch zugenommen. In einer Broschüre für Ehekandidaten, verfasst von einem ehemaligen Mitarbeiter der staatlichen Religionsbehörde Diyanet, werden Ratschläge dieser Art gegeben: »Eine Frau, die sich nicht für ihren Mann zurechtmacht, ihrem Mann als Herren im Hause nicht gehorsam ist, kann geschlagen werden.« »Ein, zwei Schläge« seien »ganz nützlich, das wirkt wie Medizin.« Schließlich solle die Ehefrau nicht vergessen, wer das Sagen im Haus habe. Auch Polygamie sei sinnvoll, »für den Fall, dass die Frau zickig ist«.

Das sind alles Zeichen für einen neuen Krieg gegen die Frauen in der entwickelten Welt (wobei die grauenhaften Vorfälle mit systematischen Vergewaltigungen in manchen Bürgerkriegsstaaten etwa in Afrika eine eigene, unendlich schlimmere Kategorie bilden).

Dazu kommt das übliche, schon lang anhaltende Hintergrundgeräusch in der »Frauenfrage«: Frauen verdienen weniger als Männer, und sie sind in Führungspositionen stärker unterrepräsentiert, als es sein müsste.

## In 50 Jahren zur Einkommensgleichheit?

Laut einem neuen Bericht machen OECD-Länder weiterhin einen langsamen, aber sicheren Fortschritt in Richtung größerer weiblicher

Wirtschaftskraft. Dennoch bleibt die geschlechts-
spezifische Lohnlücke ein wesentliches Problem:
Eine berufstätige Frau verdient in den OECD-
Staaten nach wie vor um 16 Prozent weniger als
ihre männlichen Kollegen – und das trotz einer
Verbesserung der Qualifikation.

Der »Women in Work-Index« der internationalen Wirtschaftsprüferfirma Pricewater-
houseCoopers (PwC) zeigt für 2016, dass in den
industrialisierten Ländern, die in der OECD vertreten sind, der graduelle Prozess in Richtung
eines größeren weiblichen »Empowerment« im
Wirtschaftsleben weitergeht. Besonders die nor-
dischen Länder, vor allem Island, Schweden
und Norwegen halten die Topposition in diesem Index. Der basiert auf fünf Faktoren: die
Einkommensgleichheit, die Fähigkeit der Frau-
en, Zugang zu Beschäftigungsmöglichkeiten zu
haben, die Vollzeitbeschäftigungsrate, Arbeitslosigkeit sowie die Arbeitsplatzsicherheit.

Österreich konnte sich 2016 nicht verbessern
und liegt auf Rang 22 (im Jahr 2000 noch auf
Rang 13). Im Jahr 2000 waren nur sieben Prozent der österreichischen Vorstände weiblich,
heute sind es laut PwC-Zahlen 17. Verschlechtert hat sich aber der »Gender Wage Gap«, also
wie viel Prozent weniger Frauen im Vergleich
zu Männern pro Jahr verdienen. 2000 lag der
Wert bei 20 Prozent, im aktuellen Bericht werden 21,5 Prozent angeführt.

Würde man übrigens diese Lücke schließen, so würde laut PwC die Verdienstsumme aller Frauen in den 33 OECD-Ländern um gewaltige zwei Billionen Dollar steigen. Noch eine Kennzahl: Würde die Beschäftigungsrate von Frauen von derzeit 67 Prozent auf die schwedischen 74 Prozent angehoben, könnte das das BIP aller OECD-Länder um neun Prozent erhöhen.

Zur Erinnerung: Frauen verdienen etwa 60 Prozent des Einkommens der Männer, wenn man nur die Vollzeit rechnet, immerhin rund 80 Prozent. Bis sich diese geschlechtsspezifische Lücke schließt, wird es laut PwC rund 50 Jahre dauern – in Belgien oder Luxemburg könnte das schon innerhalb der nächsten zehn Jahre der Fall sein. Noch drastischer ist es in Österreich bei den Pensionen der Frauen: Der Median der Alterspensionen der Frauen war im ASVG um 51,1 Prozent niedriger als der der Männer. Die Alterspension der weiblichen Angestellten mit 1.231 Euro lag um 48 Prozent unter jener der männlichen Angestellten mit 2.368 Euro. Die Pensionen der Arbeiterinnen waren mit 803 Euro um 49,4 Prozent niedriger als jene der Arbeiter mit 1.587 Euro.

Was tun? »Mit wirtschaftspolitischen Hebeln, die den Zugang zu erschwinglicher und ausreichender Kinderbetreuung verbessern, sowie mit geteilter Elternzeit schaffen es nachweislich mehr Frauen in die Erwerbsarbeit«, sagt

Bianca Flaschner von PwC Österreich. »Frauenförderung am Arbeitsplatz und ein effizienter Rückkehrprozess nach der Karenz können Frauen den Wiedereinstieg in den beruflichen Alltag signifikant erleichtern. Durch flexible Gestaltung könnten Unternehmen den Mitarbeiterinnen und Mitarbeitern ermöglichen, ihren familiären Verpflichtungen neben der Arbeit nachzukommen.«

Na gut, inzwischen hat die Regierung eine 30-prozentige Frauenquote bei Aufsichtsräten (in börsennotierten Unternehmen sowie Firmen mit mehr als 1.000 Beschäftigten) ins Auge gefasst. Aber das ist ein Witz im Vergleich zur Repräsentanz von Frauen in der Politik.

## Frauenquote in der Politik?

Traditionell sind die Ministerien für Gesundheit und Frauen, für Bildung und für Familien und Jugend mit Frauen besetzt, aber es gab auch weibliche Finanzminister und Innenminister. Unter den neun Landeshauptleuten waren bis März neun Männer, dann trat mit Johanna Mikl-Leitner wieder eine Frau in diesen Kreis der Alphatiere (vorher für die Steiermark und Salzburg: Waltraud Klasnic und Gabriele Burgstaller). Die sieben Fachgewerkschaften des ÖGB werden von sieben Männern geleitet, ebenso die neun Landesarbeiterkammern. In der Wirtschaftskammer gibt es allerdings mehrere weibliche Landeschefs.

Die Frauenquote im Nationalrat ist so hoch wie für die Aufsichtsräte vorgesehen – 30 Prozent. Die Parlamentsklubs der sechs im Nationalrat vertretenen Parteien haben nur eine weibliche Vorsitzende – Eva Glawischnig von den Grünen.

Kandidatinnen für das Amt des Bundespräsidenten hat es gegeben, zuletzt Irmgard Griss, der viele Chancen einräumten. Davor Heide Schmid, Gertraud Knoll, Freda Meissner-Blau, Barbara Rosenkranz. In die Stichwahl kam als einzige Frau Benita Ferrero-Waldner, die mit 47,8 Prozent Heinz Fischer unterlag.

Eine Regierungschefin wie Margaret Thatcher oder Angela Merkel steht noch aus. So weit haben wir es in Österreich noch nicht gebracht.

## Die Frage des Genderns

Dafür aber zu einer eher peinlichen Kontroverse, ob man in der Bundeshymne statt »Heimat bist Du großer Söhne« auch die großen Töchter hineinnehmen soll. Und an zahlreichen Universitäten ist »gendergerechtes Formulieren« Bedingung.

Für die Universität Graz ist in einem Leitfaden festgehalten:

»1) Alle Organe und Angehörigen der Universität Graz sollen sich in Aussendungen, Formularen, Protokollen, Reden, Interviews und anderen an die Öffentlichkeit oder an die Universitätsangehörigen gerichteten Mitteilungen und in der Lehre einer geschlechtergerechten Sprache bedienen. Es soll daher in allen Schriftstücken und öffentlichen Äußerungen entweder explizit die weibliche und männliche Form oder eine geschlechtsneutrale Bezeichnung verwendet werden. Unsachliche Differenzierungen zwischen Frauen und Männern sind zu unterlassen.

2) Die Verwendung von Generalklauseln, in denen z. B. zu Beginn, am Ende oder in Fußnoten eines Textes festgehalten wird, dass die gewählten personenbezogenen Bezeichnungen für beide Geschlechter gelten, ist unzulässig.

3) Formulierungen sowie Organ- und Funktionsbezeichnungen sind so zu wählen, dass sie Frauen und Männer gleichermaßen betreffen.«

An manchen Fachhochschulen ist die Verwendung von geschlechtergerechten Formulierungen wie etwa dem Binnen-I Voraussetzung für eine positive Note. Das ging aus der Beantwortung einer parlamentarischen Anfrage der FPÖ im Jahr 2015 durch Wissenschaftsminister

Reinhold Mitterlehner (ÖVP) hervor. An der FH des bfi Wien wurde eine schriftliche Arbeit ohne Verwendung einer genderneutralen Sprache nicht beurteilt beziehungsweise zurückgewiesen.

Womit die Frage der »politischen Korrektheit« ihr hässliches Haupt erhebt. Darf man an den Unis und anderswo schwer lesbare und die Verständlichkeit behindernde Regeln für verbindlich erklären, nur um eine formale Gleichstellung von Männern und Frauen zu erreichen? Nach Meinung des Autors dieses Buches geht Lesbarkeit vor, aber das ist etwas, was man in manchen Zirkeln nicht sagen darf.

# 7.

# »DAS WIRD MAN DOCH NOCH SAGEN DÜRFEN« – DAS PROBLEM MIT DER »POLITICAL CORRECTNESS«

Der aufsteigende Polit-Star Sebastian Kurz ist der Meinung: »Wir haben ein wahnsinniges Problem mit der Political Correctness.« Denn »wir müssen aufpassen, dass wir nicht zu viele Tabus entwickeln, über die nur Rechtspopulisten sprechen dürfen«, sagte er vor einer Tagung der Bertelsmann-Stiftung. Es gebe einen »Gap« zwischen Eliten und Bürgern. Wenn die Politik nicht aufpasse, treibe sie die Wähler den Parteien wie der FPÖ, denen man »bei der Migration viel zu lange das Feld überlassen hat«, in die Hände.

Da ist was dran. Aber es ist nicht ganz so einfach. Die Migration, sowohl die langsame über Jahre und Jahrzehnte wie die stoßweise durch die Flüchtlinge im Jahr 2015, hat Probleme gebracht, kein Zweifel. Die Stichworte wurden schon in den Anfangskapiteln angesprochen: Parallelgesellschaften, Bildungsdefizite, geringe Zukunftschancen für schlecht ausgebildete Flüchtlinge aus bestimmten Staaten und Gesellschaften, ein rückständiges Frauenbild, auch Kriminalität unter »falschen« Asylwerbern.

Und ja, in der öffentlichen Debatte sind anfangs etliche dieser Probleme ignoriert und heruntergespielt worden. Das Motiv war vielleicht manchmal »Political Correctness«, manchmal eine falsche, zu optimistische Einschätzung der Lage. Für Politiker wie für Journalisten und auch Mitglieder der Zivilgesellschaft ist es immer ratsam, einen realistischen, skeptischen Blick zu haben. So erregte Anfang 2016 die Aussage des Arbeitsmarktservice Österreich (AMS), die Flüchtlinge seien teilweise gebildeter als die Österreicher, berechtigte Zweifel und auch Spott. Dieser »Kompetenzcheck« war, wie der AMS-Leiter zugab, methodisch problematisch. Allerdings muss man genauer hinschauen: Tatsächlich sind, wie eine spätere Studie des Ludwig-Wittgenstein-Instituts ergab, die Syrer, Iraker und Iraner unter den Flüchtlingen jedenfalls gebildeter als der Durchschnitt der Landsleute zu Hause. Geflohen ist die Mittelschicht, kann man sagen. Die zahlenmäßig ebenfalls ins Gewicht fallenden Afghanen hingegen sind durchwegs schlecht gebildet bis analphabetisch.

Vermutlich von »Political Correctness« getrieben war wohl die Erstaussage des AMS, einfach nur korrekt war die spätere Differenzierung. Die zweite Lösung ist eindeutig die bessere.

## Den Rechtspopulisten nicht das Feld überlassen – ohne in die Hasssprache der Rechten zu verfallen

Wenn Sebastian Kurz meint, man dürfe den Rechtspopulisten nicht das Feld überlassen und die Probleme, etwa mit der Migration, selbst ansprechen, so stimmt das – allerdings nur insoweit, als die gemäßigte und traditionelle Politik sehr darauf achten muss, nicht die Hassparolen und die Lügen der Rechtspopulisten zu übernehmen. Und die traditionelle Politik muss nicht nur über die Probleme reden, sondern auch Lösungen anbieten und durchführen. Selbst dann ist unklar, ob ein großer Teil der Wutwählerschaft nicht doch lieber zur harten Rechten geht.

Vor allem aber muss die gemäßigte Politik darauf achten, nicht mit dem Begriff »Political Correctness« einen Popanz aufzubauen. »Political Correctness« ist nämlich inzwischen zu einem Kampf- und Schmähbegriff geworden: Er unterstellt eine mächtige Meinungselite, die massiven Druck ausübt und verbieten will, was man noch sagen wird dürfen. Aber darf man wirklich sagen, der Nationalsozialismus sei nicht ganz schlecht gewesen? Laut einer SORA-Studie von 2014 sind 30 Prozent der Österreicher dieser Ansicht. Ist es »politisch korrekt«, das für bedenklich zu halten?

In Wahrheit ist der Vorwurf der »Political Correctness« oft ein Totschlagargument oder ein Instrument einer antiemanzipatorischen Rechten, die liberales Denken in die Defensive drängen will. »Der Political-Correctness-Vorwurf ist eine Moralkeule besonderer Art«, schreibt Christian Staas in der *Zeit*. »Er unterstellt liberalen Dogmatismus, ›entlarvt‹ emanzipatorische Anstrengungen als diktatorische Zwangsmaßnahmen, diffamiert Kritik an bestehenden Machtverhältnissen als Zensurforderung, erklärt marginalisierte Minderheiten zu Unterdrückern der Mehrheit und desavouiert das Korrekte als das wahrhaft Falsche.«

Also Vorsicht mit dem Begriff.

## Darf man sagen, dass Israels Politik in die Katastrophe führt?

Und selbstverständlich gibt es ein ganz großes Thema der »Political Correctness« in Deutschland, Österreich, ja, in Europa überhaupt: Darf man, ja, muss man sagen, dass die gegenwärtige Politik Israels gegenüber den Palästinensern ins Verderben führt?

Ein Jahrestag wirft ein Schlaglicht auf das lang schwelende Problem: Vor 50 Jahren, im Juni 1967, brach zwischen Israel und mehreren arabischen Staaten der sogenannte »Sechstagekrieg« los. Seine weitreichendste Folge war wohl die damals beginnende und weiter anhaltende Besetzung des palästinensischen Westjordanlandes. Die Entwicklung der israelischen Politik seither stellt Freunde Israels zunehmend vor ein Dilemma: Wie ist die Unterstützung für das Land und sein Existenzrecht mit der israelischen Besatzungs- und Siedlungspolitik zu vereinen?

Muss man nicht fürchten, dass Israel bei einer Fortsetzung dieser Politik entweder kein jüdischer oder kein demokratischer Staat mehr ist?

Muss das nicht klar und deutlich gesagt werden, selbst wenn es nach Meinung der israelischen Regierung oder diverser Hardliner nicht gesagt werden darf?

Seit einigen Jahren herrscht im Westjordanland zwar palästinensische Autonomie, aber zugleich ein hartes israelisches Besatzungsregime – und eine unaufhaltsame Besiedlung palästinensischen Landes durch Hunderttausende Israelis.

Ein eherner Grundsatz lautet, dass Deutsche und Österreicher aus der Geschichte des NS-Massenmordes heraus eine Verantwortung dafür (mit-)tragen, dass Israel als jüdischer und demokratischer Staat in Sicherheit leben kann. Die deutsche Bundeskanzlerin Angela Merkel sagte sogar 2008 vor dem israelischen Parlament: »Diese historische Verantwortung

Deutschlands ist Teil der Staatsräson meines Landes. Das heißt, die Sicherheit Israels ist für mich als deutsche Bundeskanzlerin niemals verhandelbar.«

Das ist nach wie vor unbestritten. Die Frage ist jedoch, ob Deutschland, Österreich, ob Europa jede Handlung Israels unterstützen müssen, die – auf Sicht – die eigene Sicherheit Israels untergräbt und ein Unrecht gegenüber den Palästinensern perpetuiert.

Seit 50 Jahren leben die Palästinenser im Westjordanland (derzeit rund 2,7 Millionen) unter israelischer Besatzung, die rund 1,8 Millionen Palästinenser im Gazastreifen sind nach dem Rückzug des israelischen Militärs nicht mehr unter direkter Besatzung, aber in ihrem Gebiet praktisch eingesperrt.

In diesen 50 Jahren haben alle israelischen Regierungen die Besiedlung des Westjordanlandes zugelassen und/oder vorangetrieben, sodass dort fast 400.000 israelische Siedler und in Ostjerusalem noch einmal fast 200.000 Siedler leben.

Das bedeutet: Die Palästinenser haben zwar eine gewisse politische Autonomie, sind aber in ihren Rechten stark eingeschränkt und werden von der Besatzungsarmee und den radikalen Siedlern im Alltag beträchtlich schikaniert.

Es bedeutet weiter, dass die sogenannte Zweistaatenlösung – ein israelischer und ein palästinensischer Staat nebeneinander – mehr und mehr zu einer Fiktion wird. Die Anwesenheit von Hunderttausenden Siedlern, die zu einem großen Teil religiöse Fanatiker sind und das Westjordanland als das eigentliche biblisch-historische Israel (Judäa und Samaria) beanspruchen, erscheint als unüberwindliches Hindernis. Sollte die Zweistaatenlösung wirklich umgesetzt werden, müsste ein beträchtlicher Teil der Siedler mit Gewalt entfernt werden, was keine israelische Regierung wagen wird. Zuletzt legalisierte das israelische Parlament, die Knesset, weitere illegale Siedlungen in der Westbank mit rund 4.000 Wohnungen.

Es gibt zwei Möglichkeiten: Entweder hält Israel die Besatzung auf unabsehbare Zeit aufrecht und degradiert die Palästinenser zu Bürgern zweiter Klasse ohne Wahlrecht. Da entstünde (ist schon fast entstanden) ein einziger großer De-facto-Staat vom Jordan bis zum Mittelmeer, für dessen System wohl die Bezeichnung »Apartheid« angemessen wäre.

Das wäre dann kein demokratisches Israel mehr.

Oder man bildet einen einzigen Staat und gewährt den Palästinensern alle Rechte. Das wäre dann aufgrund der Demografie – höhere Geburtenrate der Palästinenser – kein jüdisches Israel mehr.

Netanjahu will im Wesentlichen den jetzigen Status quo – Besatzung ohne Rechte für Palästinenser – auf unbestimmte Zeit aufrechterhalten.

Die Ultrarechten in seiner Regierung aber wollen etwas anderes: die Palästinensergebiete teilweise annektieren – vorläufig einmal. Die israelische Justizministerin Ajelet Schaked von der nationalreligiösen Siedlerpartei »Jüdisches Heim« sagte bei einem Wienbesuch im Februar 2017: »Die Zweistaatenlösung ist nicht mehr relevant.« Israel solle die »Zone C« im Westjordanland, wo 400.000 Israelis und nur 100.000 Palästinenser leben, annektieren. Der Rest solle mit Gaza und/oder mit Jordanien verbunden werden.

Mit dieser Teilung wollen die israelischen Rechten verhindern, dass der jüdische Charakter Israels entscheidend verwässert wird (schon jetzt sind rund 18 Prozent der israelischen Staatsbürger arabischer Herkunft). Ultrarechte träumen sogar von einer kompletten Vertreibung der Palästinenser nach Jordanien und einer Annexion von »Judäa und Samaria«.

Dazu wird es nicht kommen. Aber nach Meinung sehr vieler Kenner der Situation ist die Zweistaatenlösung bereits jetzt so gut wie tot. Was das für Israel bedeutet, muss gesagt werden dürfen: entweder – im unwahrscheinlichsten Fall – die Gewährung der vollen Bürgerrechte an die Palästinenser und die Entstehung eines gemischt-ethnischen, gemischtsprachigen, jüdisch-arabischen Staates, in dem mehr oder weniger Frieden herrscht; oder eben eine Prolongierung des jetzigen Zustandes mit schwelendem Unrecht und ständiger immer wieder aufbrechender Feindschaft.

# 8.

## WAS GESAGT WERDEN MUSS: ES KANN AUCH ALLES DEN BACH HINUNTERGEHEN

Wie sieht unsere nähere Zukunft aus? Was bleibt von den Errungenschaften und Gewissheiten, die wir uns in den Nachkriegsjahrzehnten erarbeitet haben? Bleibt unsere Welt im reichen Westen so, wie sie ist, oder zerfallen alle unsere Institutionen, unser Wohlstand, unsere Sicherheit und Freiheit, ja, sogar die Demokratie selbst?

Die Zeichen sind nicht ermutigend. Seit etwa zehn Jahren kracht und knirscht es in der Konstruktion, die »der Westen« heißt. 2008 begann es mit der Finanzkrise. Sie wurde ausgelöst durch verantwortungsloses Handeln einer internationalen Finanzelite, die nach dem Prinzip »anything goes« vorging. Als die großen US-Finanzhäuser, aber auch große europäische Banken stürzten oder wankten, gelang es nur mit einem ungeheuren Aufwand an staatlichen (Steuer-)Mitteln einen weltweiten Bankencrash und die Vernichtung von Abermilliarden Sparkapital zu verhindern. Den meisten ist heute noch nicht bewusst, wie knapp wir an einer Wiederholung des Bankensterbens und der anschließenden Weltwirtschaftskrise in den Dreißigerjahren des vergangenen Jahrhunderts waren. Am 5. Oktober 2008, einem Sonntag, trat die deutsche Bundeskanzlerin Angela Merkel mit ihrem sozialdemokratischen Finanzminister Peer Steinbrück vor die Presse und erklärte: »Die Spareinlagen sind sicher.« Die Bundesregierung garantiere alle Spareinlagen.

Vorangegangen war ein verzweifelter Appell deutscher Großbanker und der Bundesbank an Merkel, unbedingt vor Börsenbeginn am Montag eine solche Garantie abzugeben, um einen Run auf die Banken zu verhindern, der in Ansätzen schon begonnen hatte. Es ging gut, die massenweisen Abhebungen blieben aus. Aber der damalige Kanzleramtsminister Thomas de Maizière gab später in einem Interview zu, dass man gar nicht wusste, was man da garantierte und ob die Garantie überhaupt einzuhalten war.

Noch einmal gut gegangen. Aber die grundsätzliche Situation des internationalen Finanzsystems hat sich seither nicht entscheidend verändert. Der neue US-Präsident Donald Trump aber geht nun daran, die eingezogenen Sicherheitsmechanismen und Spekulationsbeschränkungen für die Finanzindustrie wieder aufzuheben. Eine zweite Finanzkatastrophe ist möglich – und diesmal sitzt nicht ein besonnener, cooler Mann wie Barack Obama im Weißen Haus, sondern ein emotional unstabiler Spielertyp, dessen Führungsfähigkeit schlicht anzuzweifeln ist.

## »Disruption« – die (gewollte) Zerstörung der Nachkriegsordnung

Trump steht für »Disruption«, für die Zerstörung althergebrachter, anerkannter, internationaler Strukturen. Zu seinen Zielen gehört die Neuverhandlung bzw. Aufkündigung internationaler Handelsverträge wie das Nordamerikanische Freihandelsabkommen mit Mexiko und Kanada (NAFTA) oder das Trans Pacific Partnership Agreement (TPPA) und überhaupt jede auf Gegenseitigkeit basierende Freihandelspolitik. Er sieht die Weltwirtschaft nicht als ein auf Gegenseitigkeit beruhendes System, wo der Kuchen für alle größer wird, sondern als Nullsummenspiel, wo um die Anteile eines stets gleichbleibenden Kuchens erbittert gekämpft werden muss: »America first! America first!«, wie er in seiner Vereidigungsrede gleich zweimal hintereinander sagte (mit erhobener Faust).

Trumps primitives Bauchgefühl über eine Welt, in der der Stärkere immer den Schwächeren frisst, wurde von seinem strategischen

Chefberater Stephen Bannon in einer Art apokalyptischer »Philosophie« zusammengefasst.

Bannon ist ein »weißer Nationalist«. Er spricht von Souveränität (im Gegensatz zu Kooperation), von wirtschaftlichem Nationalismus und Gegnerschaft zur Globalisierung. Er und der Chef des Weißen Hauses unterstützen den Brexit und ähnliche Bewegungen in Europa, die die EU zerstören wollen. Dass Trump in letzter Zeit etwas zurückgerudert ist und freundliche Worte für die EU gefunden hat, bedeutet wenig bis nichts. Die Vereidigungsrede von Trump, teilweise von Bannon verfasst, war eine einzige Anklage gegen eine böse Welt, die zu lange auf Kosten des armen Opfers USA gelebt hat.

Bannon äußerte, noch bevor er in Trumps Team einzog, die Überzeugung, dass sich die USA binnen zehn Jahren im Krieg entweder mit China oder mit dem Iran befinden würden. Die massive Aufrüstung, auch der Atomstreitmacht, kündigte Trump mit diesen Worten an: »Als ich jung war, sagte jeder, dass wir nie einen Krieg verloren haben. Amerika verlor nie einen Krieg. Jetzt gewinnen wir nie einen Krieg. Wir müssen beginnen, wieder Kriege zu gewinnen.«

»Das ist ein Rezept für den Krieg«, urteilte der liberale britische *Guardian,* und Roger Cohen, ein bekannter Kolumnist der *New York Times* sprach die Befürchtung aus, Trump werde wohl den Iran angreifen, um »Stärke« zu beweisen und das von Obama geschlossene Atomabkommen zu zerstören.

Trump bezeichnet die Nato zunächst als »obsolet«. Eine automatische Beistandsverpflichtung gäbe es nicht mehr. Inzwischen ist er auch hier zurückgerudert oder hat vielmehr seinen Vizepräsidenten Mike Pence Treueschwüre auf die Nato verkünden lassen. In seiner Rede vor dem Kongress sagte Trump voller Genugtuung, die Nato-Allierten würden bereits mehr bezahlen wie verlangt (»das Geld strömt herein«).

Aber Trump sagte in seiner State of the Union Address vor dem Kongress auch, er erwarte eine »aktive Beteiligung der Verbündeten an militärischen Operationen«. Heißt das ebenfalls an offensiven Unternehmen der USA?

Die Nato ist ein Teil der transatlantischen Architektur, die seit dem Ende des Zweiten Weltkriegs den Frieden in Europa erhalten hat, indem sie die sowjetische Bedrohung egalisierte und in den 1990er-Jahren letztlich die aus dem Zerfall Jugoslawiens entstandenen Kriege ausdämpfte. Sie hat weiter eine enorm wichtige Funktion, um den russischen Autokraten Wladimir Putin davon abzuhalten, seine groß-russischen Großmachtpläne aus dem 19. Jahrhundert zu verwirklichen. Putin hat den Zusammenbruch der Sowjetunion als die »größte geopolitische Katastrophe« bezeichnet. Was ihm vorschwebt, ist weniger eine formelle Wiedererrichtung der UdSSR, sondern der Gewinn von Einfluss – und auch einigen Territorien nach dem Vorbild der Krimannexion – in einer russischen Machtsphäre.

Der russische Außenminister Sergei Lawrow sagte es auf der Münchner Sicherheitskonferenz Anfang des Jahres 2017: »Die Nato ist eine Institution des Kalten Krieges.« Und: Russland strebe eine »post-westliche Weltordnung« an.

Vor diesem Hintergrund mutet Trumps Bewunderung für Putin seltsam an. Es war aber zu Beginn des Jahres nicht klar, wie die wunderbare Freundschaft zwischen Trump und Putin entstanden ist – und wie sie ausgehen wird. Stückweise kommen Informationen über seltsame Kontakte zwischen Putins (Geheimdienst-) Leuten und der Trump-Mannschaft ans Licht. Da könnte noch mehr kommen.

Neben der Nato ist die EU die zweite tragende Säule der westlichen Nachkriegsordnung. Was immer man über ihre Schwächen sagen kann und welch absurde Vorwürfe die EU-Feinde in Europa auch erheben mögen – die Europäische Union war ein Motor für Wohlstand und Verbesserung der Lebensbedingungen. Österreich hat übrigens nach einer neuen Studie der US-Handelskammer mehr als alle anderen Länder vom Beitritt profitiert.

Der Erfolg der EU ist der Grund, warum sowohl ein wirtschaftlicher Nationalist wie

Trump wie auch ein wirtschaftlich schwacher Imperialist wie Putin sie aushöhlen und sprengen möchten.

Was man bisher nicht so recht zu sagen wagte: Die EU ist ein Feindbild für Putin, weil sie eine enorme Anziehungskraft auf Länder ausübt, die er in seinem Einflussbereich halten will: die Ukraine, das Baltikum, Serbien, Georgien. Sie ist aber auch ein Feindbild für Trump, weil sie in seinem »America first«-Weltbild ein wirtschaftlicher Rivale ist. »Warum stehen auf der Fifth Avenue in New York nur Mercedes und in Deutschland kein Chevrolet?«, fragte er in einem Interview. Nicht weil Deutschland so unfaire Handelspraktiken hat, sondern weil es die besseren Autos baut, hätte er sich selbst antworten müssen.

Die EU ist in Gefahr. Eingeklemmt zwischen der Trump-USA und Putin. Letzterer arbeitet schon länger aktiv an ihrem Zerfall, indem er EU-feindliche rechtspopulistische Parteien in Europa mit Fake News und Geld unterstützt. Aber auch die Eliten der EU selbst haben schwere Fehler gemacht: Sie gaukelten den Bürgern vor, die Liberalisierung in Europa und die Globalisierung seien wie »Diet Coke« (Jochen Bittner in der *Zeit*). Man könne nicht beides haben, süßen Geschmack und Kalorienarmut, »transnationale Steuerung und die gewohnte nationale Selbstbestimmung«.

Der Brexit war der Sieg einer entschlossenen, aktiven, auch skrupellosen Minderheit gegenüber einer entschlusslosen, wenig motivierten Mehrheit. Das ist auf dem Kontinent anders, aber Anti-EU-Parteien mit 30 Prozent in den Umfragen (Front National in Frankreich, Geert Wilders' PVV in den Niederlanden – bis vor den Wahlen 2017 –, die FPÖ in Österreich) sind ein Alarmzeichen.

Zwei Entwicklungen arbeiten ihnen in die Hände: Die liberale Demokratie scheint ihr einstiges Wohlstandsversprechen nicht mehr so richtig erfüllen zu können; und sie scheint auch nicht die nötige »Härte« zur Abwehr der Zuwanderung zu haben. Die Eliten haben in den Augen vieler Bürger in diesen beiden Hauptfragen, der materiellen und der Identitätsfrage, versagt. Die Nationalpopulisten bieten scheinbar einfache Antworten: Wir schotten uns ab, sowohl in der Wirtschaft wie bei der Zuwanderung.

Le Pen, Wilders, Orbán, Kaczyński, Strache/Hofer und alle anderen halten sich ja in ihren Ankündigungen nicht zurück. Sie wollen eine illiberale Demokratie, in der zwar gewählt wird – nicht unbedingt unter fairen Bedingungen, in der es sogar öfter Volksabstimmungen gibt – schön orchestriert im Sinne der Populisten –, aber das Gefüge des Staates in Richtung autoritärer Herrschaft zurechtgeschnitten wird. Kritik wird abgewürgt und nur das »wahre Volk«

darf entscheiden. Eine legitime Opposition kann es dann eigentlich gar nicht geben, denn die Herrschenden sind ja das »wahre Volk«.

## Der Super-GAU – Das Ende der liberalen Demokratie ...

Langsam dämmert die Erkenntnis, dass die liberale Demokratie selbst in Gefahr ist. Wobei diese in Europa vor dem Zweiten Weltkrieg eine Ausnahmeerscheinung und danach auch keine Selbstverständlichkeit war: Spanien, Griechenland, Portugal waren bis in die 1970er-Jahre hinein rechte Diktaturen; Osteuropa unter kommunistischer Herrschaft. »Wenn wir jetzt über eine Krise der liberalen Demokratie sprechen, dann sprechen wir über die Krise einer sehr neuen politischen Einrichtung«, sagte die ungarische Philosophin Agnes Heller bei einer Diskussion im Wiener Burgtheater Anfang des Jahres 2017.

Der Autor Philipp Blom ergänzte: »Das, was wir als den Naturzustand eines wohlhabenden und friedlichen Landes ansehen, kann sehr schnell verschwinden. Noch eine Krise wie 2008, und ich glaube, ganz Europa und die USA könnten eine große Weimarer Republik sein« (Deutschland vor der Machtergreifung Hitlers).

Das wäre dann wirklich der Super-GAU.

Stellen wir uns eine Welt vor, in der es so aussieht: Der »weiße Nationalist« Donald Trump hat die westliche Nachkriegsordnung aufgekündigt: Handelsverträge weg, internationale Kooperation weg, jeder, vor allem die USA, darf seine Interessen ungebremst durchsetzen. Verteidigungsbündnisse wie die Nato werden bedeutungslos, die Europäer müssen selbst für ihre Sicherheit sorgen. Die EU bricht endgültig auseinander, es treten weitere Staaten aus, nach einem Wahlsieg von Marine Le Pen geht Frankreich. In Italien kommt die linksnationalistische Bewegung »5 Stelle« an die Macht, schafft zuerst den Euro ab und verlässt dann die EU. Die Osteuropäer, ebenfalls unter kaum noch demokratisch zu nennender Herrschaft, lavieren zwischen Russland und Deutschland.

Dieses sammelt ein paar letzte Getreue um sich, darunter Österreich, und versucht, in einem immer chaotischer werdenden Europa halbwegs den Überblick zu behalten. Putin und Erdoğan fühlen sich ermutigt, in ihrer Nachbarschaft das alte Imperium wiederherzustellen. Putin will die Ukraine ganz kassieren, Erdoğan erhebt Ansprüche im Nordirak und in Nordsyrien (das staatsnahe türkische TV zeigt entsprechende Karten). Der Präsident auf Lebenszeit klagt über den Verlust von küstennahen griechischen Inseln: »Dort stehen unsere Moscheen, unsere Schreine.«

All das sind keine totalen Fantasien mehr, über all das muss man kühl und klar sprechen. Damit man nachher nicht sagen muss: Hätten wir doch …

Was tun? Auf EU-Ebene setzt sich eine Reformdiskussion in Gang, die in eine Richtung zu gehen scheint: das schon länger diskutierte Europa der verschiedenen Geschwindigkeiten. Wer mehr Integration und mehr gemeinsame Entscheidungen will, der ist dabei, wer das nicht will, hat einen etwas besseren Assoziiertenstatus. Das wird wohl auch das Modell einer gemeinsamen europäischen Verteidigung sein, wenn es dazu kommt.

Im Verhältnis zu den USA muss Europa erwachsener werden. Auch nach Trump wird das alte Verhältnis von Europa als Juniorpartner der USA nicht mehr zeitgemäß sein. Europa muss sich ändern.

### ... und wie er zu verhindern ist

Aber Voraussetzung für all das ist, dass in Europa die Basis der bisherigen Erfolge nicht verloren geht: eine große Übereinkunft der Europäer, der Wähler und der Eliten, dass die Demokratie, die liberale Demokratie, immer noch am besten funktioniert. Dass die Voraussetzung für Wohlstand und Frieden ein freies Denken, ein freier Austausch sind und nicht nationalistischer Kleingeist und Abschottung. Es geht darum, die Stimmung vor dem Abkippen in die autoritäre Versuchung zu bewahren. Wie?

Die Antwort ist zunächst: Kämpfen! Das bedeutet zunächst für die Regierenden, den Zumutungen der autoritären Regime in unserer Nachbarschaft selbstbewusst, aber gemäßigt gegenüberzutreten. Der niederländische rechtsliberale Premier Mark Rutte hat den Drohungen und Schmähungen durch die Erdoğan-Türkei widerstanden, der Agitation im eigenen Land einen Riegel vorgeschoben – und ließ bei den Wahlen den Rechtspopulisten Geert Wilders weit hinter sich. Angela Merkel widersteht nach wie vor allen, die sie dazu drängen, die wegen Putins Ukraine-Aggression verhängten Sanktionen gegen Russland aufzuheben.

Aber da ist noch mehr: Die westlichen Gesellschaften müssen die Errungenschaften der Nachkriegsjahrzehnte verteidigen. Die Nationpopulisten dürfen nicht die Meinungsvorherrschaft und anschließend die politische Macht gewinnen. Damit ist zunächst die Zivilgesellschaft gefordert. Die klassischen, gemäßigten Parteien sind bereits zu mutlos, zu anpasslerisch. Es müssen sich viele kleinere, private Initiativen bilden, durchaus auch mit Unterstützung der liberalen Medien, die der Propaganda der Nationalpopulisten entgegenarbeiten.

Im Bundespräsidentschaftswahlkampf in Österreich hat es funktioniert. Ohne die »Grassroots«-Bewegung, die viele bürgerliche, linke und liberal-grüne Gruppen zusammenführte, wäre Norbert Hofer heute Präsident.

Das lässt sich wiederholen, wenn den Leuten klar wird, worum es geht. Die Politik wiederum muss zeigen, dass sie noch zuhören kann. Christian Kern erzählt immer von den Renés und Susannes, denen er auf seinen Reisen durch Österreich begegnet und die ihm ihre Sorgen erzählen. Darüber sollte man sich nicht lustig machen, sondern versuchen, das zu institutionalisieren. Auch hier kann die Zivilgesellschaft Foren schaffen. Caritas-Vertreter erzählen oft von den Versammlungen in irgendeiner kleineren Stadt, wo eine Flüchtlingsunterkunft eingerichtet werden soll. Wie da die Wogen hochgehen und wie dann doch meistens ein Konsens erzielt werden kann. Solche Foren – besser organisiert als im Fernsehen, wo zu oft die Selbstdarsteller und Krakeeler ein Outlet finden – sollte man aufbauen. Die Bürgerinitiative #PulsofEurope protestiert derzeit mit zunehmendem Erfolg in 40 europäischen Städten (in Österreich in Wien und Innsbruck) gegen die »ewige Nörgelei über die EU«. Wer sich da engagiert, ist oft noch nie demonstrieren gegangen und kommt eher aus dem liberal-konservativen Milieu. Man könnte auch sagen, das weltoffene Bürgertum erkennt, dass es etwas zu verteidigen gibt.

Es geht um die Stimmung. Um die Überwindung der kleingeistigen, entmutigten, frustrierten Stimmung der Gereiztheit. Das politische Personal muss wieder eine Zukunftserzählung anbieten können. Aber auch die Zivilgesellschaft – das sind wir alle – muss sagen, was angeblich nicht gesagt werden darf, aber gesagt werden muss: Es ist zu schaffen.